はじめに

私は行政書士として独立した当初より「成年後見」の分野で積極的に活動してきました。実際にこの分野で活動している中で、最も支援が必要なのは「独り身」の方や「子どもがいない夫婦」であることに気がつきました。こういった方々が安心して老後の生活を送ってもらおうと、一般社団法人 日本ライフパートナーズ協会を立上げました。この協会を通じて、「独り身」の方や「子どもがいない夫婦」の方をより多く支援したいと活動しております。

このような活動をしている中で、やはり「独り身」の方や「子どもがいない夫婦」の方に任意後見制度を知ってもらい、しっかりと自分自身で老後の準備をして欲しい、という想いをずっと持っておりました。そんな時に書籍出版のご縁をいただき、とても感謝しております。

本書が世の中の多くの方に広まることで、任意後見制度を知っていただき、自分の老後は自分で決めるという考え方が同時に広まってくれることを切に願っております。また、医療従事者や介護従事者の方々にもぜひ読んでいただきたいと思っております。本書は皆さんの現場で十分に活用できる内容になっております。

また、最近では身元保証の団体などが全国にたくさんあります。しかし、こういった団体の中には、本当に高齢者支援を目的として活動していない団体が少なくないように感じています。どうやって信頼できる団体を見極めていくのか、ということも本書では述べています。

本書がより多くの方の役に立つことができることを願って、私の活動を通して大事なことや注意しておくべきことなどを精一杯書かせていただきました。少しでも本書を読んでいただいた方のお役に立てますと幸いです。

最後にこの書籍出版に関わってくださいました、株式会社ウェイビーの伊藤健太社長をはじめ、株式会社ＶＡＬＣＲＥＡＴＩＯＮの藤村社長に感謝申し上げます。

目次

第⑧章　よくあるご質問についてお答えします　165

第1章

おひとり様・おふたり様は、老後の準備は何をすべきか？

1　おひとり様・おふたり様の老後は、こんなときに困る

おひとり様・おふたり様が老後で困る場合は、

①お金の管理
②病気・ケガをして入院した場合

と大きく二つに分けることができます。

まずは①お金の管理から考えていきましょう。自分や配偶者が認知症などになり判断能力が低下してしまった場合に、お金の管理を誰がするのかということが問題になってきます。おふたり様の場合で一方の配偶者がまだ元気でお金の管理をできるときはいいのですが、二人とも高齢で管理できないこともよくあります。おひとり様であれば、自分が判断能力の低下によりお金の管理ができなくなってしまった場合は、

誰もお金の管理をする人がいない状態になります。

このような状況になってしまった場合、おひとり様・おふたり様はお金の管理をしてくれる人がいなくて、日常生活に大きな支障をきたします。

次に、②病気・ケガをして入院した場合に困ってしまう状況が起きます。入院をした場合、入院に関する手続きを誰がするのかという問題が起きます。おひとり様の場合、元気な状態であれば、自分で手続きをすればいいのですが、病気やケガで自分が意識不明などになってしまった場合は大変です。こうなってしまうと誰も手続きができません。一方、おふたり様でも配偶者が入院した場合に自分が手続きに行くことができればいいですが、自分も介護が必要な状態になっている可能性もあります。その場合、自分が病院に行くことが非常に難しい状況になります。こうなってしまった場合も手続きができる人がいないということになります。

入院手続き以外にも困ることがあります。例えば、市役所や区役所などに何か書類を期限までに提出しないといけない場合も同様の問題が起きてきます。

また、②の場合は同時に①の問題も起きてきます。入院した場合、もちろんですが入院費を支払わなければなりません。②でおひとり様の場合、自分で金融機関へ行き、お金をおろしてくることができません。おふたり様の場合でも、配偶者が元気で代わりに金融機関に行くことができれば問題ありませんが、配偶者も介護が必要で金融機関に行けない場合は、①の問題が起きてきます。

このように、おひとり様・おふたり様が老後困るのは多くの場合は、①のお金の問題です。②のときも手続き関係で困りますが、最も困るのは、お金の問題です。ここについてしっかりとした解決策を準備しないと大変なことになり、周囲の方々に大変な迷惑をかけてしまうことになります。

2 これを解決する方法

それでは、先ほどの状況についてもう少し考えてみましょう。

まず、入院してしまった場合に市役所や区役所での申請手続き等をどうするか?を考えていきましょう。例えば、住民票や戸籍謄本を取らないといけない時は、本人からの委任状をもらえば、代理で住民票や戸籍謄本を取ることができます。委任状をもらえれば問題ないですが、本人の病状が悪く、意識もない場合は委任状を書けないので代理で市役所や区役所に行っても、住民票や戸籍謄本を取ることはできません。また、年金の手続きや介護保険などの手続きでも委任状がないと本人を代理して手続きすることはできません。このように本人が委任状を書ける状態であれば、問題はありませんが、本人が意識不明などで委任状を書けない状態であれば、市役所や区役所で本人を代理して手続きすることはできません。

次に、最も大事なお金の問題です。こちらも本人が入院している場合を想定して一緒に考えていきましょう。

入院しているが本人の判断能力が十分にある場合は、代理の人に銀行のキャッシュカードを渡して、ATMで預金をおろしてもらうこともできますし、どこかへ振込む必要があるならATMから振込むこともできます。金額が少額の場合は、キャッシュカードを借りてATMで操作をすれば問題はありません。しかし、ATMでは扱えない高額な金額をおろしたり、どこかへ振込んだりする場合は銀行窓口で処理をしなければなりません。その際に本人からの委任状があっても、銀行はすぐに対応はしてくれないのが現実です。本人を連れてきてください、病院に入院しているなら病院へ電話して、本人と電話で話をさせてほしいなど、そう簡単には窓口では処理してくれません。銀行窓口で処理しないといけない場合は、本人以外の人が代理で処理するのはとても難しいです。また、本人が意識不明の状態で判断能力がない場合は、事前にキャッシュカードを預かっていれば本人の銀行口座から預金をおろすことはできますが、キャッシュカードを預かっていない場合は、誰も本人の銀行口座から預金をおろしたり、どこかへ振込んだりすることができません。

本人の判断能力がない状態で、市役所や区役所の手続きを代理したり、本人の銀行口座から預金をおろしたり、どこかへ振込まないといけない場合はどうすればいいのか？

こういった問題は、成年後見制度を利用することで解決できます。では、成年後見制度とはどういった制度なのでしょうか。言葉は聞いたことはあるが…という方も多いと思います。この制度が実際に私たちの生活にどのように役に立つのかを次の章から説明していきます。

第2章

日本の成年後見制度について

1 成年後見制度は何のために、いつできた？

成年後見制度がスタートしたのは、2000年4月です。実は、15年以上も前にできた制度なのです。皆さん、驚かれたのではないでしょうか。

2000年4月というのは、介護保険制度も同時にスタートした年でもあります。この介護保険制度と成年後見制度は、深いかかわりがあり、どうしても同時にスタートしないといけなかったのです。その理由について少し述べていきます。介護保険制度ができる前は、措置制度が採用されていました。この制度は、行政が本人の福祉サービスを一方的に決めていました。その後、介護保険制度に変更されました。介護保険制度では、本人とサービスを提供する事業者とがお互いに契約を結び、サービスを受けるという契約制度になりました。

この契約を結ぶ時に成年後見制度がかかわってきます。まず、契約を結ぶ時点で本人の判断能力が十分ある場合は、サービスを提供する事業者と契約しても法律上なんら問題はありません。しかし、契約を結ぶ時点ですでに判断能力がない、もしくは衰えている方は、契約の内容をよく理解できないので契約を結ぶことができません。このような方は、サービスを受けられないと困ります。そこで、このような方の代わりに後見人が契約を結び、サービスを受けられるようにするために、成年後見制度ができました。

成年後見制度は、本人の判断が十分でない方の代わりに後見人と言われる人を選任し、法律行為を有効に成立させたり、本人の代わりに行政の手続きや財産管理などをおこなうための制度です。

簡単に言うと、判断能力が十分でない方の生活に関することを後見人がサポートします。

2 法定後見制度について

まずはじめに、成年後見制度は法定後見制度と任意後見制度の総称であるということを理解してください。一般的に成年後見制度は、法定後見制度を指して使われることが多いようです。

成年後見制度は、法定後見制度と任意後見制度に分類されます。本人の判断能力の状況によって、どちらの制度を利用するか決まります。本人の判断能力がない、もしくは衰えている状態であれば、法定後見制度を利用します。（この状況では任意後見制度は利用できません）一方、本人の判断能力が十分ある場合は、任意後見制度を利用します。（この状況で法定後見制度は利用できません）

ここでは、法定後見制度について詳しく説明していきます。法定後見制度では、本人の判断能力がない、もしくは衰えている状態にあります。このような状態では、本人が自分で財産管理することができなかったり、市役所などの手続きもすることが困難になってきます。こういった事を解決するために法定後見制度を利用して、本人の代わりに後見人を家庭裁判所で選任してもらい、後見人が本人に代わって、財産管理や市役所などの手続き、入院した場合の入院の手続きをする制度です。

先にも少し述べたように、法定後見制度を利用する場合は、本人の住所地を管轄する家庭裁判所へ法定後見制度の申立をします。申立をする申立人は、誰でもすることができるわけではありません。法律上、申立できる人が限定されています。申立できる人は、

・本人または配偶者
・四親等内の親族
・市町村長
・検察官

になります。右記の方しか、申立人にはなれませんので、注意してください。また、申立をする際には、注意点が2つあります。

まず、家庭裁判所で申立書類が受理された後は、申立を取り下げることはできません。よほど合理的な理由がない限り、取り下げることは認められません。なので、安易に申立をしないことです。もう1つは、本人の後見人として候補者を申立書類に記載することができます。例えば、親の後見人を子ども自らが務めたいといった場合に、申立書類の候補者の欄に子どもの名前を記載することができます。

しかし、この候補者が必ずしも後見人として選任されるというわけではありません。最終的に後見人を決定するのは、家庭裁判所の裁判官になります。また、最近の家庭裁判所の傾向では、親族が後見人に選任される割合は年々少なくなっています。その一方で、弁護士・司法書士・行政書士・社会福祉士などの第三者の専門職が後見人になる割合は年々増加しています。

候補者として、子どもや親族の方が手を挙げるのはいいですが、選任される可能性が低いことをしっかりと理解する必要があります。

なぜ、親族が後見人に選ばれる割合が減少したのか。その理由は、成年後見制度ができた当時は、家族が後見人として選任される割合は8割から9割くらいと非常に高い割合でした。しかし、親族が本人の財産を安易に自分のために使ってしまう事案が全国的に多発したそうです。こういった理由から、親族が本人の財産をさわるのは、相続のときにしてもらおうとなったようです。このような理由から、第三者の専門職が選任される割合が増加しました。

次は申立の手続きについて、もう少し詳しく説明していきます。

申立人については、先に述べたとおりです。申立書類は、家庭裁判所のホームページなどにも載っていますので、ご確認ください。申立書類の中には、本人の出生までの戸籍が必要であったり、毎月の収支状況を記載したりとかなり多くの書類が必要になります。その中でも診断書が必要で、医師に本人の判断能力の状況を書いてもらう必要があります。この場合の医師とは、主治医もしくはかかりつけ医を指します。この医師についてですが、必ずしも認知症の専門医でないとだめというような決まりはありません。本人の主治医であれば、外科医であったり、整形外科医でもかまいません。この主治医もしくはかかりつけ医が、本人の判断能力の程度によって、

・後見
・保佐
・補助

のどの分類に該当するか判断します。この判断をもとに家庭裁判所は手続きを進めていきます。

この分類について、少し説明をします。後見に該当する方は、ほとんど判断能力がない状態の方です。こちらの言っていることなどを理解できない方が該当してきます。保佐に該当する方は、日常の簡単な会話は理解できるがそれ以外の少し難しい会話になると理解できないような状態にある方です。補助は、まだ比較的判断能力がある状態の方です。なかなか文章でお伝えするのは、難しいので参考程度になりますが、最終的には主治医もしくはかかりつけ医がどの分類に該当するか判断することになります。

診断書をはじめとする申立書類を裁判所に提出し、本人や申立人、後見人候補者が家庭裁判所へ出向き、裁判所の方と中立について面談します。その後、だいたい3ヶ月後くらいに後見人が決定し通知がきます。このときに候補者が後見人になる場合もあれば、見ず知らずの第三者の専門職が後見人となる場合があります。後見人選任の理由については、家庭裁判所から開示はされません。仮に問い合わせをしても答えてくれることはないです。

親族が後見人として選ばれる可能性が低いので、はじめから知り合いの専門職の先生に候補者として依頼するのは賢明な判断かもしれません。見ず知らずの第三者の専門職に財産管理のために本人の通帳などを渡すのは、気が引けるのも当然のことです。

後見人が決定したあとは、後見人が本人の財産管理をしたり、市役所や介護保険サービスに関する手続きを本人に代わり行っていきます（保佐や補助の場合除きます。後見の場合を記載しています）。

後見人としての業務は、第2章4節で述べていきます。

【法定後見制度のポイント】
・本人の住所地の家庭裁判所で申立をする。
・申立人となれる人は限定されている。
・申立書類受理後は、取下げができない。
・家庭裁判所が一方的に後見人を決定する。
・親族が後見人に選任される割合は低い。
・第三者の専門職が後見人として選任される割合が高い。
・申立の診断書は、主治医もしくはかかりつけ医に記載してもらう。
・申立から後見人決定までだいたい3ヶ月くらい時間がかかる。

3 任意後見制度について

任意後見制度は、本人の判断能力が十分にある状態で利用します。任意後見制度は、法定後見制度と違う点がたくさんあるので注意が必要です。

まず、任意後見制度は本人の判断能力が十分にあるうちに、将来自分の断能力がなくなった場合にあらかじめ自分の財産管理や市役所などの手続きを誰に任せるかを決めておく制度です。例えば、本人がどうしても子どもに将来後見人をしてもらいたいと強い希望がある場合は、任意後見制度を利用すれば、本人が将来、判断能力がなくなった場合は子どもが必ず後見人になることができます。この任意後見制度を利用する場合、後述のように公証役場で本人と子どもの間で任意後見契約を結ぶ必要があります。

法定後見制度と違い、任意後見制度は公証役場で本人と本人の財産管理などを将来任せる相手（将来の後見人）との間で任意後見契約という契約を結びます。また、将来本人の財産管理を任された相手は、将来本人の判断能力がなくなった場合は必ず後見人になることになります（ただ、契約なのである理由で契約を解除することはできます）。要は、自分が信頼する相手を後見人として準備することができるのです。この点が法定後見制度と大きく異なるところです。

また、手続きも法定後見の申立ほど煩雑ではなく、契約を結ぶだけなので1ヶ月もあれば十分できます。

本人の判断能力が低下をしてきて、任意後見制度を実際に利用するとなれば、家庭裁判所に任意後見監督人の選任の申立をしなければなりません。そして、家庭裁判所において、任意後見監督人が選任されたときから、任意後見契約の効力が発生することになります。任意後見契約を締結しただけでは効力が発生していないということになります。任意後見監督人が任意後見人を監督することになります。法定後見制度の場合は、家庭裁判所が後見人を直接監督します。任意後見監督人は、弁護士や司法書士がなる場合が多いです。任意後見監督人の報酬については、別途必要になり、報酬額などについては家庭裁判所の裁判官が決めます。この点においては、法定後見制度と比べて、任意後見人と任意後見監督人に報酬を支払うことになるので、報酬の総額は大きくなることになります。

【任意後見制度のポイント】

・公証役場で契約を結ぶ。

・将来自分が信頼する相手を将来の後見人として準備できる。
・一度契約しても解除することができる。
・契約までの時間はだいたい1ヶ月程度。
・必要な手続きは、法定後見ほど煩雑ではない。
・任意後見契約の効力を発生させるには、任意後見監督人の選任の申立をして、任意後見監督人が選任されないといけない。
・任意後見監督人の報酬を支払う必要がある。

4　後見人の仕事について

後見人の主な業務は次のとおりです。

・身上監護
・財産管理

身上監護から順に説明していきましょう。身上監護とは、生活・療養看護に関する事務を処理することです。例えば、介護サービスを受けるための手続きや、入院した場合の入院の手続きなどを指します。また、介護サービスがしっかりと提供されているか確認したり、入院している場合であれば、病状の確認などもこの身上監護に含まれ、後見人の仕事になります。

身上監護についていくつか注意しないといけない点があります。まず、後見人は本人に対して直接的な介護を提供しないということです。医療や介護に関する契約などの療養看護に関する法律行為のみを行います。例えば、食事の介助や体位変換などの実際の介護は後見人の業務範囲外の行為になります。また、病院などへ定期的に通う際の付添や送迎も後見人の業務ではありません。その他に、本人の自己決定の尊重の趣旨から、本人が生活するために必要な食料品や嗜好品その他の日用品の購入は、成年後見人等の同意を必要とせず、また、取り消すこともできません。

そして、一番よく誤解されることが医療行為への同意です。この医療行為への同意は、後見人の業務範囲外の行為になり、することができません。医療行為とは、ケガや病気を治療するものであり、歯科治療やインフルエンザの予防接種等、手術や延命治療等が該当するが、本人に対する医療的侵襲行為に対する判断は本人固有のものであり、代理権等の及ぶものではない、という考えがあります。実際に、入院などをした際に病院側より医療行為への同意を求められることがありますが、後見人は、医療行為への同意は後見人の範囲外の行為になり、できません。また、延命治療を望むか、万が一のときは人工呼吸器をつけるか、などを聞かれることがありますが、後見人はこれも判断することはできません。こういった事はあくまでも、家族・親族が判断することになります。この事は、病院側も理解されていないことが多々あります。後見人ができることと、できないことをしっかりと理解する必要があります。

次の財産管理についてですが、これは字のとおり本人の財産等を後見人が管理します。具体的には、本人が受けた介護サービスの支払いや、入院した際の支払い、住民税や毎月の家賃の支払いなどを本人に代わって後見人が管理します。その他に、実印や銀行印、預金通帳、有価証券などの保管及び各種手続きも財産管理に含まれます。後見人は、本人の生活状況をしっかりと把握して、毎月の支払いなどを行います。本人の財産を増やす目的で、株式投資などを行うことは認められていません。

本人の状況や財産状況などは、家庭裁判所に定期的に報告する義務がありますので、後見人はしっかりと管理しなければならず、責任は重大です。もちろん財産管理については、1円単位まできっちりと報告する必要があります。

後見人ができない業務範囲外の行為について、もうひとつ重要なことがあります。それは、後見人は本人の連帯保証人や身元引受人にはなれないということです。どういった場合にこの問題がでてくるかというと、施設や病院に入所・入院する場合や、有料老人ホームやサービス付き高齢者住宅に入居する場合の手続きにおいて、連帯保証人や身元引受人を後見人に求めてくる施設や病院がありますが、後見人はそれを引き受けることはできません。そういった行為は業務範囲外の行為になります。この点もしっかりと理解しなければなりません。

次に後見人の任期について、お話ししていきます。任期は、法定後見と任意後見について異なりますので順にみていきましょう。

まず、法定後見人の任期について、

・本人が亡くなった場合
・後見人が辞任した場合
・本人の判断能力が回復した場合

に後見人の任期は終了します。いちばん多いのは、本人が亡くなった場合です。病院後見人は入院費などを精算し、管理していた財産を相続人へ引き渡し、後見人としては業務終了となります。亡くなった後の葬儀や納骨などに関することは、後見人の仕事ではありません。あくまでも、本人が亡くなった時点で後見人の役割は終了しています。亡くなった後のことは、家族・親族にしていただくことになります。

後見人が辞任した場合について、ご説明します。後見人の辞任には、家庭裁判所の許可が必要であり、なおかつ病気や遠方への引っ越しなどの正当な理由がある場合に限られます。よって、「報酬が見込めない」、「本人や家族と性格が合わない」などの後見人の身勝手な理由では、辞任は認められません。

本人の家族や親族からの後見人に対する解任請求ですが、後見人の不正な行為や著しい不行跡その他後見の任務に適さないと判断されるなどの正当な理由がある場合に限られます。後見人との性格不一致などの理由では認められません。

次に任意後見人の任期についてみていきましょう。任意後見の場合、実際に任意後見契約の効力を発生させる任意後見監督人の選任がされているかどうかで手続きが異なります。

任意後見監督人が選任される前であれば、本人・任意後見受任者のいずれからも、いつでも契約を解除することができます。ただし、公証人の認証を受けた書面によって行わなければなりません。一方、任意後見監督人が選任された後の場合、本人又は任意後見人は、正当な理由があるときは、家庭裁判所の許可を得て、契約を解除することができます。

実際に後見人になろうと考えている方は、このようなことをしっかりと理解した上で後見人を務める必要があります。一度、後見人になると正当な理由がなければ辞任できません。本人が亡くなるまで、後見人として責務を果たす覚悟がなければ、安易にに引受けないことです。

【後見人の仕事についてのポイント】

・後見人が介護サービスなどを実際に提供することはしない。
・医療行為への同意は、後見人の業務範囲外の行為である。
・延命治療などの同意も後見人の業務範囲外の行為である。
・連帯保証人や身元引受人には後見人はなれない。
・後見人の仕事は、本人が亡くなった時点で終了になる。
・亡くなったあとの葬儀などは、後見人はできない。
・後見人を辞任することは合理的な理由がないとできない。
・任意後見契約をしていて、任意後見監督人の選任の前であれば、いつでも契約解除できる。

5 申立費用について

ここでは、法定後見制度を利用する場合の費用と任意後見制度を利用する場合の費用をみていきましょう。

まず、法定後見制度を利用する場合の費用ですが、いちばん大事なことを先にお伝えします。法定後見制度を利用する場合は、申立人が必要になります。申立人が家庭裁判所へ法定後見制度の申立を行います。その際の費用は、申立人が負担することとされています。本人のために行う申立ですが、申立に関わる費用は、申立人負担となります。本人の財産から支払ってはダメということです。裁判所へ支払う費用や申立にあたって法律の専門家に書類の作成を依頼した場合の費用も申立人負担となりますので、この点は十分に注意してください。

本題の申立費用ですが、法定後見制度の場合は家庭裁判所へ手数料を納めます。

・収入印紙・・・5000円程度（後見・保佐・補助により異なる）
・切手・・・5000円程度（後見・保佐・補助により異なる）
・添付書類として、戸籍謄本や住民票などが別途必要
・法律の専門家へ申立書類作成を依頼した場合の費用

これらの費用が必要になってきます。家庭裁判所へ納める費用などの実費については、2万円もあれば十分です。あとは、これに法律の専門家へ書類作成を依頼した場合は、その費用がかかります。

自分で申立書類を作成することは、時間をかければできなくもないですが、かなり書類の量も多く煩雑です。私は、専門家へ依頼することをお勧めします。

次に任意後見制度を利用した場合の費用について説明します。任意後見制度は本人がまだ十分に判断能力がある場合に利用します。そして、この制度は公証役場で、本人と将来財産管理などを任せる相手と契約を結びます。この際ですが、公証役場から任意後見契約以外に生前事務委任契約と死後事務委任契約を同時に結ぶことを勧めら

れます。私自身もこの3つの契約書をいつも同時に結びます。理由については、第4章でお伝えします。

・生前事務委任契約
・任意後見契約
・死後事務委任契約

1つめの生前事務委任契約は、まだ判断能力が十分にあるが、足を骨折して入院しているような状況で自分が外出できない場合に、銀行に行ってお金をおろしてきたり、市役所などに行って代わりに手続きをしてもらうことができるように備えておく契約になります。任意後見契約は、先に述べたとおりです。死後事務委任契約は、亡くなったあとの事務をしてもらうための契約です。これについても第4章で詳しくお伝えします。

この3つの契約書を公証役場で契約を交わします。その際の公証役場の費用は、およそ8万円前後です（契約内容により異なる）。これに契約書の原案を作成するにあたって法律の専門家に依頼した場合は、法律の専門家の手数料もかかってきます。

このように法定後見制度と任意後見制度では、費用が違ってきますので注意してください。特に法定後見制度の費用は、申立人が負担することになるということに十分注意してください。

6 後見人の報酬について

報酬についても、法定後見制度と任意後見制度に分けて説明していきます。

まず、法定後見制度の後見人の報酬ですが、毎月いくら払うという形態ではありません。これも一般的に誤解されていることが多いです。後見人が報酬を家庭裁判所へ請求するタイミングは、本人の誕生月に請求します。おおむね1年に1回請求します。ことのときに後見人として行った仕事の報告も家庭裁判所へ同時に行います。

報酬額については、家庭裁判所の裁判官が本人の財産状況や後見人が実際に行った仕事量などに応じて決めます。報酬額決定の考え方としては、財産が少ない場合は報酬額も少なくなります。財産が少ないと管理する業務量は少ないと推測されるからです。逆に財産が数千万円もある方は、銀行の預貯金の他に投資信託や株式なども多くもっている場合が多いので、後見人の報酬額は高くなる場合が多いです。財産が多いと管理する業務量が多くなると推測されるからです。また、不動産の売却などの業務も報酬額が多くなる要因の業務になります。家庭裁判所が決めた報酬は、本人の財産より取得していいことになります。金額算出についての理由や根拠は開示されません。

一方、任意後見制度の報酬については、契約書の中に報酬についての取決めも記載しておきます。任意後見制度は、まだ本人の判断能力が十分にあるうちに契約を結んでおきますので、本人と将来財産管理などを行う人との間で決めて、それを契約書に記載します。報酬額については、自由に当事者間で決めてもらえればいいです。また支払い方についても、毎月払いでもいいですし、半年払いや年払いでも構いません。当事者が合意すれば大丈夫です。

任意後見制度の報酬は、本人の判断能力があるうちに将来の後見人の報酬を決めておくことができます。

【後見人の報酬についてのポイント】
・法定後見制度の後見人の報酬は、家庭裁判所の裁判官が決める。
・法定後見人は、おおむね1年に1回程度、報酬を請求するが、その際には後見人の仕事についての報告書も提出する。
・法定後見人の報酬は、本人の財産より支払いを受けることになる。
・任意後見制度の報酬は、契約書の中に記載しておく。
・任意後見人の報酬についての金額や支払い方は、当事者間で自由に決めていい。
(当事者が合意する必要がある)

7 法定後見・任意後見のメリット・デメリット

法定後見と任意後見のメリット・デメリットをよく聞かれることがあるので、ここで説明しておこうと思います。ただ、メリット・デメリットはあくまでも私の主観に基づくものなので、予めご了承願います。

まずは、デメリットからみていきましょう。法定後見制度の場合、本人の状態がすでに判断能力が無いか衰えているということから、本人の事を本人以外の人が決めていきます。最初の申立をする時に、後見人を誰にするか、から始まります。これについては、家庭裁判所の裁判官が決定します。その決定に本人の意思は反映される可能性はとても低いです。また、後見人が決まった後は、後見人と家庭裁判所の判断において本人の生活などがすべて決定されていきます。本人に判断能力が無いということで仕方がない一面もありますが、本人以外の方が本人の生活などについて決めていきます。

後見人の報酬についても家庭裁判所の裁判官が本人の財産から〇〇万円支払いを受けていい、と決めることになります。本人の意思に関係なく、家庭裁判所の裁判官の決定で後見人は、本人の財産から報酬をもらうことになります。他には、中立から後見人が決まるまでに非常に時間がかかるという点です。後見人が決まるまで数ヶ月はかかります。このように、法定後見制度の場合は、本人の意思を反映されにくい点がデメリットと言えます。

一方、任意後見制度のデメリットは取消権がないことです。法定後見制度の場合の後見人は、代理権、取消権がありますが、任意後見人には、代理権はありますが、同意権・取消権はありません。もし本人が何か後見人の知らない所で、不利な契約をしてしまった場合、それを任意後見人が取り消すということはできません。その場合は、法定後見を申し立てて、後見人等を選任してもらい、事務を進めていくことになります。また、報酬の面では、任意後見人以外に任意後見監督人についても報酬を支払うことが必要になってきます。この場合の任意後見監督人の報酬額は、家庭裁判所の裁判官が決めることになり、本人の財産より支払いを受けることになります。法定後見制度の場合よりも報酬の面では、負担が大きくなることになります。

今度は、メリットについてそれぞれみていきましょう。法定後見制度の場合のメリットは、本人の財産についてきちんと管理できるということや、本人が契約内容も理解できないのに無理やり契約をさせられてしまった場合に契約を取り消すことができるという点が挙げられます。

任意後見制度の一番のメリットは、本人の意思を将来に反映できるという点です。本人の判断能力があるうち、将来自分の財産管理などを任せる相手（将来の後見人）と契約することで準備することができます。法定後見制度の場合は、家庭裁判所の裁判官が後見人を決めますので、この点はとても重要な違いになります。また、将来の後見人の報酬額も本人が元気なうちに決めることができるので、自分の意思を将来に反映させることができます。この点も非常に重要な点です。他には、法定後見制度に比べて、短時間で任意後見契約の締結ができる点です。法定後見制度の場合、後見人が決定されるまで数ヶ月かかる場合がほとんどですが、任意後見の場合は任意後見契約締結まで1ヶ月もあればできます。

今までみてきたように、それぞれの制度には様々な違いがあります。その中で私が最も大切にしている部分は、「本人の意思が将来に反映されるかどうか」という点です。これをある程度満たすことができるのは、任意後見制度ではないでしょうか。法定後見制度の利用になってしまうと、本人の生活などについては後見人と家庭裁判所がほとんどのことを決めていき、本人の意思はほとんど反映されません。

誰でも自分の将来のことは、自分で決めたいという気持ちがあるのではないでしょうか。その将来の準備をするのが任意後見制度であり、のちに出てきます死後事務委任契約であったりします。各人いろいろな考えがあるかもしれませんが、私はこのような観点から法定後見制度より任意後見制度を勧めています。

【法定後見・任意後見のメリット・デメリットのポイント】

・法定後見制度は、後見人を家庭裁判所の裁判官が決める。
・法定後見制度の後見人の報酬は、家庭裁判所の裁判官が決める。
・法定後見制度は、本人の意思を反映するのは難しい。
・法定後見制度の申立から後見人が決まるまで数ヶ月かかる。
・任意後見制度の後見人には、取消権がないが法定後見制度の後見人には取消権がある。

・任意後見制度では、将来自分の財産管理などを任せる相手（将来の後見人）を予め決めておくことができる。

・任意後見制度では、将来の後見人の報酬の額を予め決めておくことができる。

・任意後見制度では、任意後見人以外に任意後見監督人の報酬を支払わなければならない。

・任意後見制度の契約の締結は１ヶ月程度でできる。

ちょっと一息 「海外の任意後見制度について」

海外の任意後見制度などは、どのようになっているのかみていきましょう。

（以下、インターネットサイトＱＯＬ！より抜粋）

【イギリスの場合】

日本では任意後見を行う場合、公証役場で公正証書にしますが、イギリスの任意後見（ＬＰＡ）は後見庁に登録すれば、通常、財産管理に関してはそのまま効力が発生するそうです。

また、政府のウェブサイトで「Choice not Chance」（運任せではなく、自ら選択しよう）というLPAを推進するキャンペーンを行い、「LPAだと法定後見より安い」と推進したところ、40万件の登録があったそうです。

また、手続きの簡略化のため、LPA申請書はウェブサイトで作成し、それをダウンロードできるようにもしたそうです。

日本の成年後見制度は分かりにくく、一般の人の中には士業などの専門家しかできないと思っている方も多いのが現状です。

もちろん、簡単に手続きできて誰でもなることができるというのも制度を濫用されるおそれがありますが、ますます超高齢化社会となるわが国では成年後見制度の新機軸である「任意後見制度」は判断能力が不十分になったときに、自分の生活を守る唯一の法制度なのですから、国はもっと普及・啓蒙をするべきではないでしょうか。

【アメリカの場合】

「持続的代理権」とは、本人の判断能力が不十分になった場合、その本人を管理するための裁判外の制度だそうです。

「持続的権限」の一般的な使用は、本人が自分の財産を管理できない場合の包括的な財産計画の方策であり、本人の利益や本人の要求のために財産を他人が管理し、コントロールすることです。また、「持続的権限」は本人の財産管理と身上監護の両方に適用されます。

この「持続的代理権」も、より良い制度にするため何度か改正されました。代理人と本人の関係で、特に大きく改正されたのは以下の2点です。

1つ目は、代理権が及ぶのは本人に判断能力のある場合に限られていましたが、「持続的代理権」を設定すると代理人は、本人に判断能力が無くなっても代理権を行使できるようになりました。

2つ目は、従来は本人に判断能力が無くなるかまたは死亡により終了していましたが、現在の「持続的代理権」の場合は、本人の死亡により終了となり、本人に判断能力が無くなっても本人と代理人の関係は終了しないことになりました。

「持続的代理権」の内容は、

1、権限は書面で示されていなければならない。

2、本人が権限を記したときには、判断能力があると考えられる。

3、本人に障がいがあっても、権限が行使され得ることを本人が示すことが要求されている。

内容を見ていると、日本の「任意後見制度」に似ていませんか。

1の「権限を書面にする」は、日本で言うと、任意後見の「代理権目録」に似ています。

2の文言は、日本の場合、「任意後見制度」を利用できる人は、判断能力がある人です。

3の文言は、日本の場合、「任意後見制度」は判断能力があるうちに、自分が認知症などで判断能力を失ったときに備えてお願いしたいことを信頼できる人（任意後見人）に支援してもらう制度となります。

このようにアメリカでは、「成年後見制度」については課題があるため、最近では「持続的代理権」がスタンダードになってきているようです。

そして、この「持続的代理権」は、他の先進国と同様に、「自己決定権の尊重」を大切にしている制度だと言うことができると思います。

【フランスの場合】

２００７年の民法改正によって、任意後見制度にあたる、「将来保護委任制度」が法制化されました。

「将来保護委任制度」とは、ある人が、精神的または身体的能力の悪化によって、もはや自分ではできなくなるであろう日に備えて、他の者にその財産の管理、および場合による身上監護を依頼する委任で、このような委任は、「自己決定の精神」から生じるものと考えられます。つまり、自分自身で前もって、後々に必要となりうる保護について準備しておきたいという願望から生じるものと言うことができます。

近年、世界各国で成年後見制度の再改革が行われ、この再改革の特徴のひとつとして、任意後見（持続的代理権）制度の継受があります。

日本でも、平成12年4月に施行された任意後見契約に関する法律によって、現行法定後見制度の改正に併せて、任意後見制度が新たに挿入されています。

また、ＥＵ諸国では、１９９９年の「判断能力が不十分な成年者の法的保護に関する基本原則」および２００９年の「法的無能力に備えた持続的代理権」と「事前指示書に関する基本原則」という2つのＥＵ評議会閣僚委員会勧告における、「判断能力の喪失・減退に備えて事前意思決定制度の充実」という政策目的に沿う形で、次々と「任意後見制度」の整備が進められてきています。

他の諸外国にも任意後見制度と似たような制度があり、利用の促進を政府が訴えています。しかし、日本ではまだまだ任意後見制度は知られていないのが現状です。一般の方々はもちろんですが、地域包括支援センターの職員や市役所の職員、医療職や介護職の方もほとんど任意後見制度をきちんと理解していません。

日本はこれから超高齢化社会を迎えるにあたって、自分の将来の老後生活について、自分で決めるということをどんどんしてほしいと思います。そのためにも任意後見制度をもっともっと多くの人に知っていただき、利用してほしいと考えています。私自身も各地で任意後見制度のセミナーや勉強会の講師を無料で引受けて、啓蒙活動をしております。セミナーや勉強会をすると参加された皆さんは、非常に利用する価値を理解していただけます。

この本を手に取られた皆さんもぜひ周りの方に任意後見制度のことを教えてあげてください。この制度を活用して、自分らしい老後生活をデザインしていってください。

第3章

実例からみる
成年後見制度が必要な事例

この章では、今までみてきた法定後見制度や任意後見制度がどういった場合に必要になるのか、を具体的な事例を挙げながら解説していきます。ここでは、国内のみならず、海外に住んでいる日本人などの事例を挙げていきます。それでは、順番にみていきましょう。

1 事例① 不動産を売却する場合

ここでは、夫名義の不動産を売却する場合に法定後見制度が必要になるという事例をみていきましょう。

例えば、下の図のような四人家族がいます。それぞれの詳しい状況については、次のとおりです。

・夫と妻は、父名義の自宅で生活している。

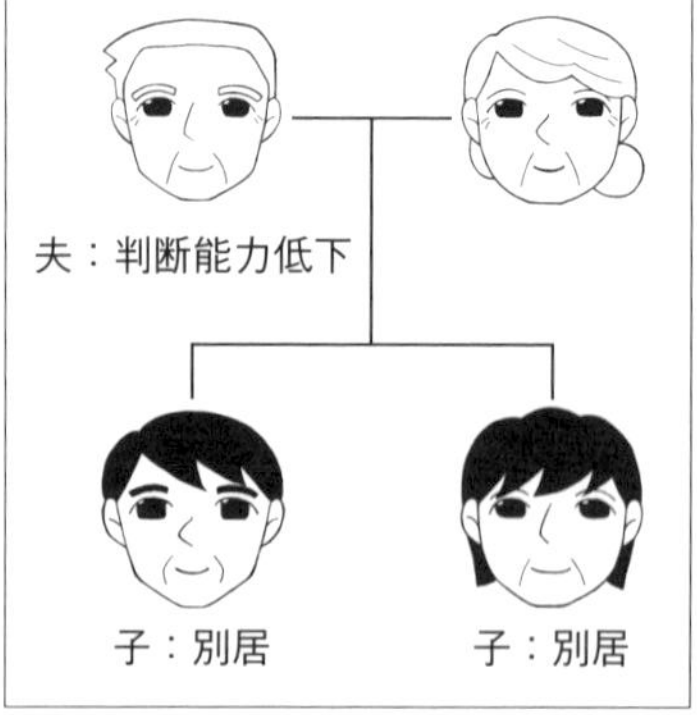

・夫は、すでに判断能力が低下している。
・子ども二人は、すでに家を出てそれぞれ自分で生活している。
・夫の財産管理は、妻が支援しており日常生活に問題はない。
・家族で夫の生活を支援している。

ここまでの状況をみると、法定後見制度を利用しなくても、この家族の場合はみんなで協力しているので、問題はないと思います。ただ、次のような状況を考えると、法定後見制度の利用を考えなくてはなりません。

・自宅が老朽化している。
・自宅に段差があったり、トイレやお風呂が狭く、自宅で介護をするのが難しくなってきた。
・自宅を売却し、夫婦で有料老人ホームに入ることを検討している。

このような状況は、どの家庭でも十分考えられるケースです。この事例では、夫名義の自宅を売却する場合に法定後見制度を利用しないといけません。

夫の判断能力が低下しているため、夫が不動産の売買契約書を理解するのは難しいです。この場合には、父の代わりに後見人を選任してもらう必要がありますので、法定後見制度により後見人を選んでもらわないといけません。選ばれた後見人は、夫の代わりに不動産の売買契約書にサインをして、売買契約を成立させます。

今の日本の法律では、このような場合に後見人を立てるしか、不動産の売買契約を有効にさせる方法はありません。実際に、こういった不動産の売却による法定後見制度の利用は、成年後見制度を利用する理由の上位にランキングされます。私自身もこのケースで後見人に就任したケースがあります。

ただ、注意していただきたいのが、法定後見制度を利用する目的が不動産の売買であり、その売買が終了したからと言って、後見人の業務も終了する訳ではないということです。第2章で説明しましたとおり、後見人の業務は本人の死亡などによって終了します。不動産の売買などの目的を達成したからと言って、後見人の業務は終了しません。

また、市民向けのセミナーなどでこの場合について、妻が夫の代わりに不動産の売買契約にサインすればいいのでは？という質問をよく受けます。夫名義の不動産の売買について、夫の判断能力が低下しているからという理由で妻がサインすることは法律上認められていません。夫名義の不動産は、夫もしくは夫の後見人しか契約書にサインはできません。不動産会社もコンプライアンス上、問題がありますので、それは出来ませんと言われるはずです。

このようにみてきた通り、日常生活については、夫の支援を家族で協力してやっているので、法定後見制度を利用する必要がないのですが、夫名義の不動産を売却する行為を行うにあたっては、夫がすでに判断能力が低下していることから、法定後見制度を利用して、後見人を選任してもらい、後見人が夫の代わりに不動産の売買契約にサインしないと売却できないことになります。

この事例は、特に珍しいケースではなく、一般的によく起こり得るケースです。ぜひ参考にしてください。

【この事例のまとめ】

・夫名義の不動産を売却する場合、夫の判断能力が低下しているときは法定後見制度を利用し、後見人を選任してもらう。
・後見人が夫の代わりに不動産の売買契約書に署名することになる。
・判断能力が低下している夫の代わりに妻が不動産の売買契約書に代筆することは法律上認められていない。
・不動産の売買が終了しても後見人の業務は終了しない。本人が死亡するまで後見人の業務は続く。

2　事例②　相続手続きを行う場合

ここでは、先ほどの家族を例にしながら、相続手続きを行う場合に法定後見制度が必要になるという事例をみていきましょう。

それぞれの詳しい状況については、次のとおりです。

・夫は、すでに判断能力が低下している。
・夫より先に妻が亡くなってしまった。
・相続人は、夫と子ども二人の計三人である。
・妻の相続手続きを始めたい。

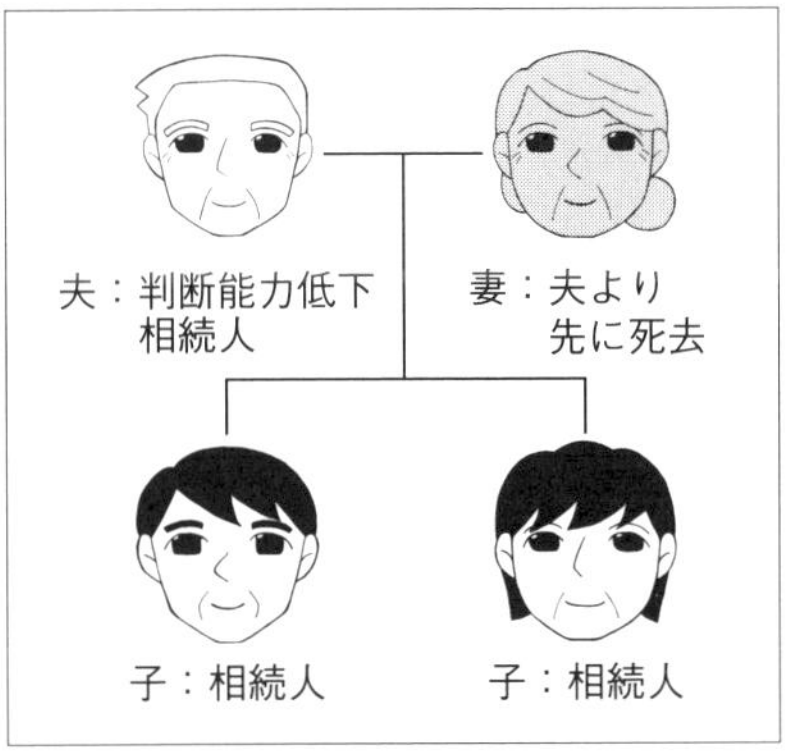

そのような状況の中で、妻の相続手続きをはじめる場合は法定後見制度を利用し、夫に後見人をつける必要があります。その理由は、夫は相続人ですが、判断能力が低下しているため、相続の手続きや内容について理解できないからです。また、相続手続きの際に作成する遺産分割協議書についても、内容が理解できないため後見人の選任が必要になってきます。

実際に妻の預金口座の払戻しなどを受ける場合に、金融機関によって必要書類などが異なりますが、たいていの場合、相続人全員の署名・押印が必要になります。相続人全員の署名がないと手続きができません。

こういった事情から、この事例の場合では法定後見制度を利用して、夫に後見人をつけて、夫の代わりに後見人が相続手続きを進めていかないといけないことになります。

この事例についても、相続手続きを進めることが目的で、法定後見制度を利用しましたが、相続手続きが完了したからといって、後見人の業務が終了する訳ではありません。その後も後見人の業務は続きます。後見人の業務は、本人の死亡などによって終了します。この点もしっかりと理解しておいてください。

【この事例のまとめ】

・相続人の判断能力が低下している場合は、法定後見制度を利用し、後見人を選任してもらう。
・後見人は遺産分割協議書に署名することになる。
・相続手続きが終わったからといって、後見人の業務は終了しない。

3　事例③　子どもがいない夫婦の場合

ここでは、子どもがいない夫婦に任意後見制度が必要になってくる事例をみていきましょう。

例えば、このような高齢者のご夫婦がいます。詳しい状況は次のとおりです。

・家族は夫婦のみで、子どもはいない。
・それぞれの兄弟姉妹とは、ほとんど音信不通の状態。
・夫は要介護3で自分ひとりでは、なかなか身動き取れない状態。

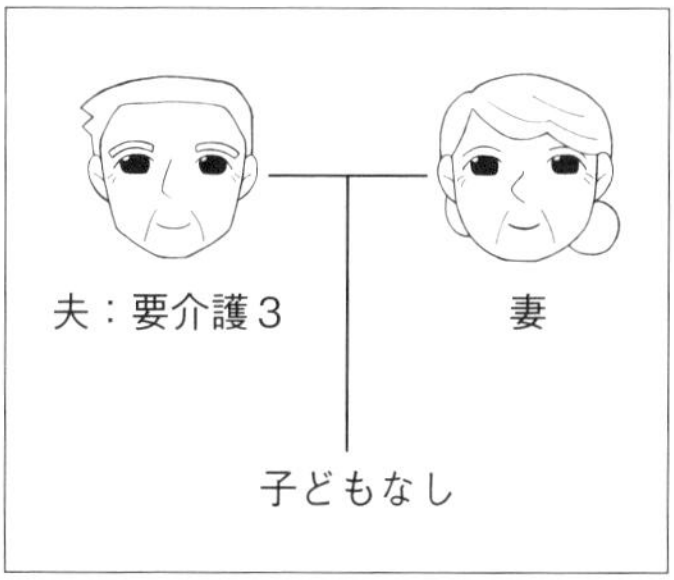

このような状況の場合、夫と妻それぞれに任意後見制度が必要になってきます。それにはいくつかの理由があります。

まず、それぞれが同じ時期に判断能力が低下してしまった場合には、法定後見制度の利用を考えないといけません。しかし、法定後見制度を利用する場合は、第2章でも説明しましたように申立人が必要になります。この夫婦の場合は、子どもがいないので、申立人となってくれる方を探さないといけません。法定後見制度の申立人は、本人、配偶者、四親等内の親族、市町村長などに限られています。この夫婦の場合、どちらも同時に判断能力が低下してしまっていたら、申立人にはなることができません。

申立人になってもらうようにお願いするとなると、兄弟姉妹を頼ることになると思います。しかし、本人たちが高齢になっているということは、兄弟姉妹も高齢になっており、なお且つそれぞれに家族がおり、自分や配偶者の介護で手いっぱいになっている場合が多いです。そんな状況の中で、いくら兄弟姉妹からのお願いとは言え、家庭裁判所へ出向いて、成年後見制度の申立人となってくれる可能性は極めて低いです。このようなことが予想されるので、このケースでは、夫と妻それぞれが任意後見制度を、予め元気なうちから準備することが必要です。任意後見制度は、判断能力があるうちしか結べないので、一日も早く、将来自分の財産管理などを任せる相手を決めて、任意後見契約を結ぶことが大切です。

また、このケースでは夫が要介護3で自分ひとりでは身動きをするのが難しいので、任意後見契約の他に、「生前事務委任契約」、「死後事務委任契約」と「遺言書」も準備しているほうがいいです。

生前事務委任契約は、判断能力はあるが、体が自由に動かすことが出来ない場合に本人に代わって、銀行に行ってお金をおろしてきたり、市役所で申請などを行うことができます。このケースで、例えば妻が先に亡くなってしまった場合に夫がひとりで銀行などへ出かけることは難しいと思います。その時に、生前事務委任契約の効力を使い、代わりに銀行や市役所で手続きをすることができます。こういった将来のことを考えて、生前事務委任契約も準備しておく方がいいでしょう。

次の死後事務委任契約をなぜ準備した方がいいかと言いますと、このケースで先に妻が亡くなってしまった場合、夫は要介護3の状態ですので、自分で葬儀や納骨などをできません。その場合には、誰かにやってもらわないといけない状況になります。

その時に死後事務委任契約書を本人と死後事務を任せる相手とで結んでおけば、その相手が葬儀や納骨などの死後事務を執行することができます。そのためにも、このケースでは夫と妻それぞれに死後事務委任契約を準備しておいた方がいいです。

最後に遺言書ですが、このケースの場合は子どもがいないので、夫や妻のどちらかが亡くなった場合は、一方の配偶者にすべての財産がいく訳ではありません（両親はすでに亡くなっていると仮定しています）。どのような相続の割合になるかと言いますと、配偶者に3／4、兄弟姉妹に1／4になります。すべての財産を配偶者へ渡したいときは、遺言書を書いていないと実現できません。また、最も注意すべきことは、夫名義の自宅があり、遺言書を書いていなくて、夫が亡くなった場合は自宅の相続権が兄弟姉妹にも1／4発生するということを注意しなければいけません。

子どもがいない夫婦については、このように相続が起きたときに一方の配偶者に財産が全ていく訳ではないので、夫婦でお互いに遺言書を必ず書いておいた方がいいでしょう。また、生前事務委任契約や死後事務委任契約についてもしっかりと準備しておく方がいいでしょう。任意後見制度や死後事務委任契約、遺言書はすべて作成するにあたり判断能力が必要になります。自分たちが元気なうちしか準備できません。早めに準備することをお勧めします。

【この事例のまとめ】

・子どもがいない夫婦は、「生前事務委任契約」「任意後見契約」「死後事務委任契約」を準備しておきましょう。
・法定後見制度を利用しようとしても、兄弟姉妹も高齢のため申立人となってくれる人が見つからない可能性がある。
・相続のことも考えて、夫婦お互いに自分が亡くなったら、すべての財産を配偶者に渡すという主旨の遺言書を書いておきましょう。
・判断能力がある時しか、「生前事務委任契約」「任意後見契約」「死後事務委任契約」「遺言書」は作成できないので、早めに準備しておく。

4 事例④ 独り身の場合

ここでは、独り身の方に任意後見制度が必要になってくる事例をみていきましょう。

例えば、このような高齢者のご夫婦がいます。詳しい状況は次のとおりです。

・両親はすでに亡くなっている。
・本人は一人っ子で、親戚との付き合いもほとんどない。
・本人は結婚歴もなく、もちろん自分の子どももいない。

このような状況では、将来本人の判断能力が低下

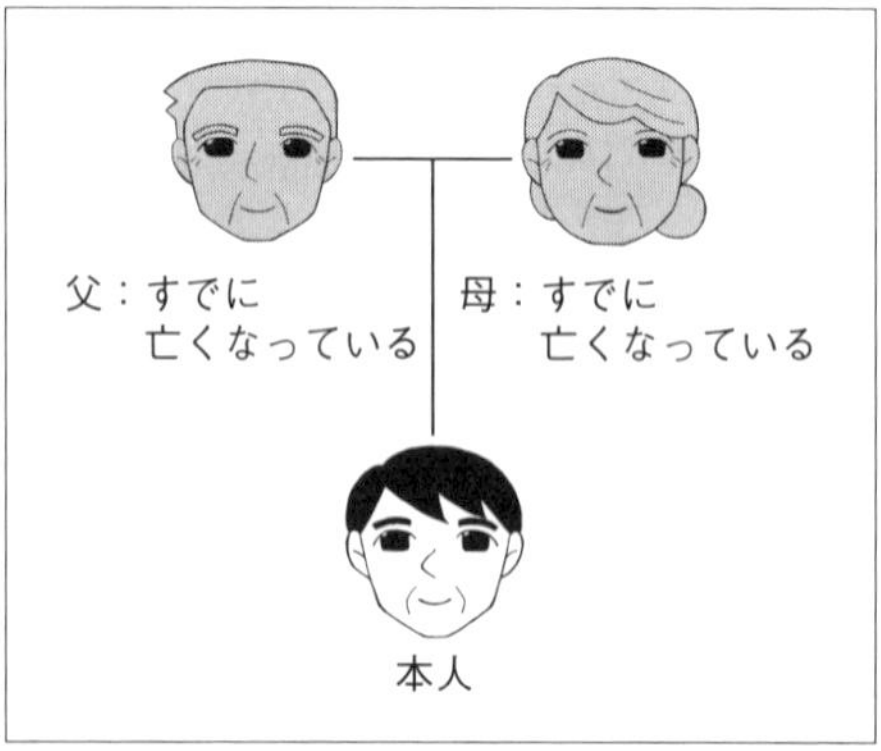

し、法定後見制度を利用しようとしたときに困ったことが生じてしまいます。それは、「申立人」になってくれる方がいないという状況が起こり得るからです。法定後見制度を利用しようと思った場合、必ず家庭裁判所へ申立をする申立人が必要です。

申立人は

・本人もしくは配偶者
・四親等内の親族
・市町村長

しか申立人にはなれないのは、先に述べたとおりです。このケースでは、仮に本人の判断能力が低下してしまっていた場合に、法定後見制度を利用しようとなったときに誰が申立人になるのか。おそらく、親戚付き合いをしていないので、お願いしてもほとんど断られます。では、その次はと言うと、市町村長しか申立人に該当する人がいません。

申立人が市町村長となる場合については、市町村が申立に関する費用を財政（いわゆる税金）から支出します。こういったことから、予算の関係や緊急性などからすぐに市町村長が申立をしてくれるかどうかはわかりません。市町村長の申立を希望しても実際に申立がされるまで、半年から1年かかるケースも多々あります。

こういったことを考えると、この事例では自分が元気で判断能力があるうちに任意後見制度を利用することを強くお勧めします。今まで述べてきたように判断能力が低下し、法定後見制度を利用するとなった場合は、申立をすること自体にすごく時間がかかってしまうからです。法定後見制度の利用を避けるためにも、判断能力があるうちに任意後見制度を利用し、予め自分の財産管理などを任せる相手を早めに決めておくことが、将来のためには非常に重要です。

この事例によく似たケースは、子どもがいない夫婦で配偶者をすでに亡くされた場合です。この場合も残された配偶者がひとりになってしまいます。残された配偶者ひとりになってしまうと、本人の判断能力が低下してしまって法定後見制度を利用しようとした場合に、また申立人の問題がでてきます。親族から申立の協力を得られなかったときに一番困ります。市町村長が申立人となることはできますが、先に述べたとおり申立を実現するにはかなり時間がかかります。

このような場合も本人の判断能力があるうちに任意後見制度を利用する必要があります。このケースについても法定後見制度の利用を避けるためにも、判断能力があるうちに任意後見制度を利用し、将来自分の財産管理などを任せる相手を早めに決めておくことが、将来のためには非常に重要です。

この事例のように独り身の場合には、必ず任意後見制度が必要であり、「生前事務委任契約」も必要になります。独り身で判断能力はあるが、体の自由がきかなくなってしまった場合、銀行や市役所に行けなくなります。この時に本人に代わって、銀行や市役所に行って手続きをできるように「生前事務委任契約」が必要になります。また、独り身の方は亡くなった後のこともしてくれる人がいないので、「死後事務委任契約」も必要になります。自分が亡くなったあと、葬儀や納骨をしてくれる相手と判断能力があるうちに死後事務委任契約を結び、亡くなった後のことも準備しておく必要があります。

また、この事例で本人が亡くなった場合、相続人がいないということになりますので、遺言書も作成しておくほうがいいでしょう。仮に遺言書を書いていなかった場合は、相続人がいないので相続財産は国庫に帰属することになります（国のものになります）。こういった事態を避けるためには、遺言書を作成し、残った財産をどうするのかを決めておく必要があります。

このように独り身の方は、将来のために生前事務委任契約、任意後見制度、死後事務委任契約、遺言書を作成しておく必要があります。この事例は非常に重要ですので、しっかりと理解してください。

【この事例まとめ】

・判断能力が低下する前に「生前事務委任契約」「任意後見契約」「死後事務委任契約」「遺言書」を準備しておく必要がある。

・法定後見制度を利用しようとしても、兄弟姉妹がいないため申立人となってくれる人が見つからない可能性がある。

5 事例⑤ 子どもは海外で生活しており、自分は日本で生活している場合

次は、海外に関わる事例をみていきましょう。

例えば、このような家族がいます。詳しい状況は次のとおりです

・子どもは、海外で仕事をしていて、生活もしている。
・日本に住んでいるのは夫と妻の二人暮らし。
・日本に住んでいる夫と妻は、親戚付き合いがほとんどない。

このような状況で、例えば夫と妻のどちらかの判断能力が低下してしまった場合は、時期をみながら法定

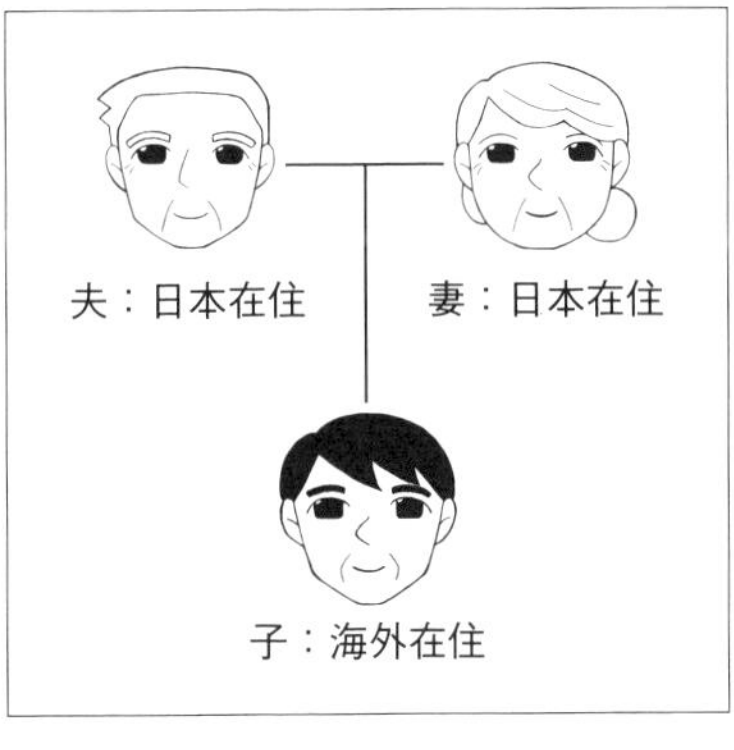

後見制度の利用を検討しなければなりません。この時の申立人は、配偶者か子どもがなることができます。この場合は、それほど問題なく法定後見制度を利用することができると思います。

一方、夫も妻もどちらも判断能力がある場合は、任意後見制度の利用も考えていいと思います。子どもが海外で暮らしていることから、子どもがある程度知っている信頼できる専門家と予め任意後見制度を利用している方がいいと思います。その理由は、子どもが海外で生活していることから、子どもと知り合いの方がコミュニケーションを取りやすいからです。まったく初対面の後見人と海外の子どもとの間で、コミュニケーションを取るのはなかなか難しいと思います。

また、子どもの立場としては、遠く離れた日本でまったく初めて会う後見人が親の財産を管理している、というのは多少なりとも不安もあると思います。こういった事を考えていくと、法定後見制度よりは、任意後見制度を利用し、子どもの知り合いの専門家と任意後見契約を結ぶ方が安心感もあり、いいと私は考えます。

この事例では、任意後見制度を利用するのと同時に、死後事務委任契約も検討した方がいいです。なぜなら、夫または妻が亡くなってしまった場合、配偶者が葬儀などの手配が出来ればいいですが、高齢のため難しい場合に配偶者に代わって、葬儀の準備などの死後事務をできるようにしておく方がいいからです。子どもが海外で仕事をし、生活していることから、日本へ帰国するとなった場合でも当然2日程度時間がかかることが予想されます。そうなった場合、やはりご遺体を葬儀会場へ運んだり、何かと手続きする必要がでてきます。その時に死後事務委任契約を結んでいれば、そういったことも出来ますが、この死後事務委任契約を結んでいないと逆にそういったことは一切出来ません。

こういったもしもの事を考えると、任意後見制度と一緒に、死後事務委任契約も準備しておいた方がいいと思います。あらゆることを想定した準備を進めることがとても大切です。

【この事例のまとめ】
・法定後見制度を利用した場合の後見人は、初めて会う人になるので、海外にいる子どもとコミュニケーションを取るのは難しさと不安がある。
・子どもの知り合いの専門家と両親との間で任意後見契約を結んで、将来の準備をしておく。
・親が亡くなってしまった場合、子どもが日本へ帰国するまでに時間がかかることから、死後事務委任契約も結んでおいたほうがいい。

6 事例⑥　日本へ帰国して生活する場合

次は、若い頃に海外に渡って、高齢になってきたので日本へ帰国して生活する場合を例にみていきましょう。

例えば、このような夫婦がいます。詳しい状況は次のとおりです。

・夫婦の間には子どもはいない。
・夫婦は長い間、海外で生活をしてきた。
・海外で生活していたことから、それぞれの親族とはほとんど付き合いがない。
・日本へ帰国後は、有料老人ホームに夫婦で入ることを検討している。

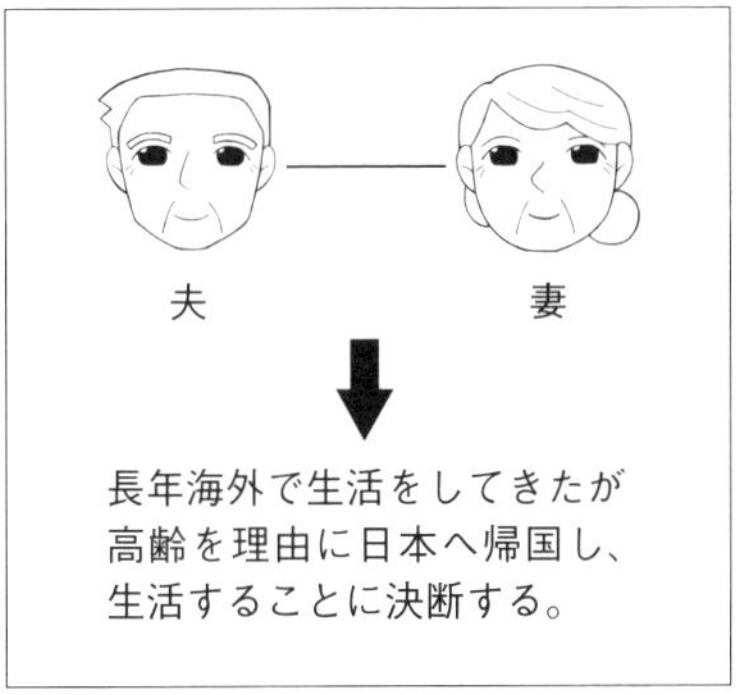
夫
妻
長年海外で生活をしてきたが
高齢を理由に日本へ帰国し、
生活することに決断する。

このような状況の場合、まず一番問題になるのが有料老人ホームの契約時の身元保証人です。日本の多くの施設は、入居契約時に身元保証人をつけるように求めてきます。身元保証人がいない場合は、入居を断られるケースもあります。この身元保証人は、基本的には家賃が払えなくなった場合に、本人に代わって家賃を支払わないといけない連帯保証人の意味も含まれている場合が多いです。また、本人が急病などで病院に搬送された場合に身元保証人に施設から連絡がいくことになります。万が一の場合の緊急連絡先としての役割もあります。

厚生労働省は、有料老人ホームなどの施設に対して、入居時の身元保証人を取らないようにと通達を出しているようですが、施設の経営側としては家賃の滞納は経営に与える影響が大きいことから、ほとんどの施設で身元保証人を取っているというのが現実です。

この事例では、長年海外で生活していた夫婦が有料老人ホームの入居を検討するにあたって、日本の親族との付き合いが疎遠になっていることから、親族に身元保証人をお願いすることをやめておく方が多いです。やはり何十年ぶりに日本へ帰国して、身元保証人が必要だからといって、親族に頼みづらいのが理由だと思います。そのような場合に身元保証サービスを提供する会社や団体を利用して、代わりに身元保証人になってもらい、入居するという方も少なくありません。この身元保証のサービスを提供する会社や団体については、第6章で述べていきます。有料老人ホームに入居する際の問題は、身元保証サービスを利用することで解決できます。

次に問題になってくることは、この夫婦が認知症などにより財産管理ができなくなった場合です。この夫婦には子どもがいないので、近くで生活の支援をしてくれる人がいません。そうなると、判断能力がなくなってしまって、法定後見制度を利用しようとした場合に申立人がいないという問題が出てきます。これまでに何度も述べてきたように、申立人がいないと法定後見制度を利用したくても利用できません。市町村長が申立をすることはできますが、申立するまでにかなり長い時間がかかります。おそらく半年から一年はかかると思います。

このような事態を避けるためには、事前に任意後見制度を利用することが必要になります。夫婦の判断能力があるうちに、任意後見制度を利用し、将来財産管理などを任せる相手を決めておくほうがいいでしょう。また、任意後見制度以外に「生前事務委任契約」や「死後事務委任契約」も結んでおくことを強くお勧めします。子どもいない夫婦の場合は、亡くなったあとのことも心配です。葬儀や納骨なども頼むことができる相手を事前に決めておき、「死後事務委任契約」を結んで事前に準備しておきましょう。この死後事務委任契約を結ぶにも判断能力が必要になります。判断能力が低下してしまってからでは、この契約を結ぶことができません。将来のことを見据えて、しっかりと準備することが大切です。

あとは、「遺言書」も準備しておくことも必要です。先の事例③でも述べたように、子どもがいない夫婦の場合、遺言書がないと配偶者には3／4しか相続権はなく、残りの1／4の相続権は亡くなった配偶者の兄弟姉妹にいきます。自分が亡くなった場合に配偶者に自分の財産をすべて渡したい場合は、遺言書でその旨を記載することです。兄弟姉妹には遺留分がないので、遺言書でそのようなことを書けば、必ず一方の配偶者にすべての財産を渡すことができます。

このように子どもがいない夫婦には、遺言書が必要になります。そして、自分が亡くなったら、配偶者に財産をすべて渡すとお互いに遺言書を作成しておくことが必要です。また、自分が最後に亡くなった場合に残った財産をどうするかも書いておくほうがいいでしょう。その部分の記載がない場合、すべての権利は兄弟姉妹がいる場合には兄弟姉妹に権利がいきます。兄弟姉妹がいないひとりっ子の場合は、国庫へ帰属します。

ここまでみてきたように、海外で長く生活していた夫婦が日本へ帰国する場合、身元保証サービスを利用するほうがいいでしょう。また、生前事務委任契約・任意後見制度・死後事務委任契約・遺言書を将来のためにしっかりと準備しておく必要があります。

この事例では、日本へ久しぶりに帰国し、生活をしていくことになるので、今後の生活などについて、いろいろと相談できる専門家や団体をみつけておく方がいいでしょう。

【この事例のまとめ】

・日本へ帰国後、有料老人ホームなどへ入居する場合には身元保証人が必要になる。
・身元保証人を頼める人がいない場合は、身元保証サービスを利用する人が多い。
・将来の準備として、生前事務委任契約・任意後見契約・死後事務委任契約を予め判断能力があるうちに準備しておく必要がある。
・相続のことも考えて、夫婦お互いに自分が亡くなったら、すべての財産を配偶者に渡すという主旨の遺言書を書いておく。

第 4 章

運任せ、他人任せにしない!!
自らの意志で老後の準備をする

1 任意後見制度をお勧めするわけ

これまで、法定後見制度と任意後見制度について一緒にみてきました。皆さんは、実際に自分や自分の親の立場で考えた時にどちらの制度の利用をしたいでしょうか？おそらく、任意後見制度の方がいいかも知れないと感じている方が多いのではないでしょうか。もう一度、法定後見制度と任意後見制度をおさらいしながら、考えてみましょう。

まず、法定後見制度からおさらいをしましょう。法定後見制度を利用する場合では、本人の判断能力が低下、もしくは衰えている状態にあります。本人の判断能力が衰えていることから、後見人を選んでもらい、その後見人が本人に代わって、市役所などの手続きや介護保険に関する手続きなどを行います。また、銀行などで出金や振込みなど財産管理を行います。

法定後見制度で後見人を選任してもらうには、本人の住所地を管轄する家庭裁判所へ申立をしないといけません。この申立ですが、申立人となれる人は限定されています。誰でも申立人になれる訳ではありません。申立人となれるのは、

・本人もしくは配偶者
・四親等内の親族
・市町村長

となります。申立人となる方がいないと市町村長に申立人になってもらうしか方法はありません。その場合、先にも述べましたが、なかなか簡単には市町村長に申立をしてもらえることはありません。また、実際の申立まで非常に時間もかかります。もし、このような状況になってしまった場合、本人の財産管理について誰も出来ないという状態が長くなってしまい、支払いなども滞ってしまいます。この状態は本当に困ってしまいます。

このような市町村長の申立に頼ってしまう状況に近いのが、「子どもがいない夫婦」

人がいない可能性があるからです。なぜなら、このような方は、身近に申立人となってもらえる人がいない可能性があるからです。子どもがいる夫婦では、たいてい子どもが申立人となってくれます。しかし、このような人たちは、子どもがいないので、兄弟姉妹に頼ることになります。自分たちが高齢になっているのと同時に兄弟姉妹も高齢になり、それぞれに家庭があり、自分たちの介護で精一杯となっている状況が多いです。そんな中で、申立人となってくれる可能性はとても低いです。「子どもがいない夫婦」や「独り身」の方は、法定後見制度を利用できる可能性が低いということを理解して、そうならないように事前にこのようにしっかりと準備しないといけません。

話を少し戻します。法定後見制度の申立について、いくつか注意しないといけない事があります。申立人については、いま述べたとおりですが、この申立にかかる費用については原則申立人負担となります。どういう事かと言いますと、実際に家庭裁判所へ申立する場合には、申立書類がかなりの量になります。この申立書類については、法律の専門家へ作成の依頼をされる方がほとんどだと思います。この専門家へ支払う書類の作成費用や家庭裁判所へ支払う申立手数料を本人ではなく、申立人が支払わないといけないということです。本人のために行う申立であっても、本人の財産から申立にかかった費用を取ってはいけないということです。ただし、実際の申立の際に家庭裁判所へ支払う手数料は、本人負担にしてほしいと上申書を提出することによって、本人負担を認めてくれます。しかし、専門家へ支払った書類の作成料は本人負担ではなく、申立人負担となります。この点も注意しないといけません。

そして、次に注意しなければいけないのは、後見人に誰がなるかということです。申立書類には後見人候補者を記載する箇所があります。この箇所には、例えば子どもが自分の親の後見人となるために名前を書くことができます。ただし、これはあくまでも候補者として名前を書くことができるだけで、必ずその人が後見人となる訳ではありません。最終的には、家庭裁判所の裁判官が決定します。最近の家庭裁判所の傾向から言うと、親族が後見人となる割合は年々減少しています。親族が後見人となる可能性が低いということです。では、誰が後見になるかというと弁護士・司法書士・行政書士などの第三者の専門家がなる場合が多いです。親族が後見人として選ばれる可能性が低いことも覚えておきましょう。

後見人が家庭裁判所より選任された後は、本人の財産管理等はすべて後見人が行うことになりますので、本人の預金通帳や印鑑などを後見人に渡さないといけません。全く知らない他人に預金通帳などを渡します。いくら家庭裁判所の決定とはいえ、親族はいい気分ではありません。その後の本人の生活についても、基本的には後見人がいろいろと決めていきます。家族の意に反することでも、後見人と家庭裁判所が本人のためであると判断した場合は、そのまま進めていきます。後見人が行うことについて、家族や親族の同意を得る必要はないのです。本人がまだ自分のことについて、意思表示できればいいのですが、判断能力がない場合などは、後見人と家庭裁判所で本人の生活などについて決めていくことになります。

ここまでが法定後見制度のまとめになります。改めて確認してみてください。法定後見制度においては、本人の判断能力が低下もしくは衰えていることから、周りの人（家庭裁判所や後見人）が本人の生活についていろいろ決めていきます。後見人の報酬についてもそうです。後見人の報酬は、家庭裁判所の裁判官が決定し、本人の財産から徴収していいことになります。法定後見制度では、本人の意志は反映されにくいでしょう。法定後見制度を利用する場合、誰が後見人になるか、どんな人が後見人になるか、運任せの部分が多いと私は思っています。

一方、私がお勧めする任意後見制度について、次はおさらいしていきましょう。

任意後見制度を利用する場合、本人の判断能力が十分にあるというのが前提になります。任意後見制度では、法定後見制度と違って、判断能力があるうちに将来自分の財産管理などを任せる相手を事前に決めておこうという制度です。

将来自分の判断能力が低下もしくは衰えてしまった場合に、自分の財産管理などを任せる相手と事前に契約しておきます。この場合の任せる相手は、本人が信頼する相手であれば、だれでも大丈夫です。法律で特に決められている訳ではありません。もちろん、自分の子どもを一番信頼しているのであれば、子どもと契約することで、将来自分の判断能力が低下してしまった場合、自分の子どもが財産管理を必ずすることになります。本人が将来自分の財産管理を任せる相手を自分の意思で選べるという点は、法定後見制度と大きく異なるところです。

任意後見制度では、将来自分の財産管理を任せる相手と本人との間で任意後見契約を結びます。この契約は、公証役場で公正証書の契約書として作成します。その契約書の中には、後見人の報酬についても自由に決めておくことができます。例えば、報酬を毎月3万円とすることもできますし、支払い方については半年払いにもできます。当事者間で将来の後見人の報酬を自由に決めておくことが出来ます。この点も法定後見制度とは異なるところです。

また、本人が一番信頼している人という観点からみると、本人の生活歴や老後の生活の希望などもある程度理解していると考えられます。将来本人の判断能力が低下もしくは衰えたとしても、本人が望むであろう生活について、後見人が意思決定できると思います。任意後見制度は、この点が非常に優れている部分であると私は考えます。

「本人にとって一番どうなのか？本人が望んでいることは？」このことは本人のことを一番知っている人がわかるはずです。私が任意後見制度を強く勧める理由は、本人が自らの意志で将来の財産管理や自分の生活のことを任せる相手を決めることができるからです。後見人の報酬についても、自分の判断能力があるうちに自分の意思で報酬を決めることができることも勧める理由になります。自分の老後のことも自らの意志で決めて準備していくことが大切です。そうでないと、他人から決められた老後の生活を送らなければなりません。

「皆さんは、それを望みますか?」

「皆さんは、自分の老後を自分で決めたくないですか?」

多くの人は、他人から決められた生活を送るのはイヤだと言うでしょう。しかし、そうならないためにしっかりと準備しないと、他人に決められた人生を送ることになります。口でイヤだと言っているだけでは、何の意味もありません。しっかりと自ら行動を起こして準備をしないといけません。

自分の老後は、自分らしく生きる。

こう決めている方には、ぜひ任意後見制度を利用して、将来の準備をしてください。

【まとめ】

・法定後見制度は、自分の判断能力が低下もしくは衰えているため、後見人や家庭裁判所が生活のことについて、いろいろと決めていく。

・法定後見制度は誰が後見人になるかわからない。家庭裁判所の裁判官が決める。

・法定後見制度では、誰が後見人になるかは、運任せ。

・法定後見制度は、自分の意志が自分の生活に反映されにくい。

・任意後見制度は、判断能力があるうちしか利用できない。

・任意後見制度では、自分が信頼している相手を将来の後見人にできる。

・任意後見制度の後見人は、本人の生活歴などをよく知っている人がなる可能性が高い。↓本人の意志に沿った生活が送れる。

・任意後見制度では、後見人の報酬も事前に決めておくことができる。

・自分の老後を自分らしく生きたいなら、任意後見制度の準備をしっかりとするべき。

2　亡くなったあとの事をお願いするにはこれが必要

次は、自分が亡くなった後をどうするかについて、考えていきましょう。その前に、後見人は亡くなった後のことまでは、することができないということを理解しておかなければなりません。後見人の業務は、本人の死亡により業務終了となります。亡くなった後のことは、業務範囲外になります。この点は、誤解されている方も多いので、しっかりと理解しておいてください。

本題にもどります。亡くなった後のことについて子どもがいる場合は、たいてい子どもが葬儀など亡くなった後のことを必ずしてくれますが、ここで取り上げたいのは、やはり「子どもがいない夫婦」や「独り身」の方です。このような方は、自分が亡くなった後のことをする方、頼める方がいない場合が多いです。このような場合、どのように準備をすればいいのかを説明していきます。

亡くなった後のことをしてもらうには、「死後事務委任契約書」が必要になってきます。この契約書は、判断能力があるうちしか作成することができないので、すでに判断能力が低下もしくは衰えている方はこの契約書を結ぶことが難しいでしょう。あくまでも本人の判断能力があるうちに、亡くなった後のことを任せる相手と契約を結ぶことになります。この契約書についても公証役場で公正証書の契約書として作成し、結びます。その契約書の中に、亡くなった後、どういった事を任せるのかという内容を契約書に記載し、その業務について支払う報酬も記載します。亡くなった後のことを任せる相手は、どなたでも大丈夫です。本人が信頼できる相手であれば、ご近所の方などでも契約の相手方とすることができます。任せる相手について法律で決められていません。

この死後事務委任契約書についても、自分の意志を将来に反映させることができるので、自分で亡くなった後のことまで決めることができます。具体的にどんな事を決めていくかといいますと、例えば、自分の葬儀に生前とてもお世話になった方々に連絡して、葬儀に呼んでほしいということや、特定の宗教や宗派などがある場合には、その宗教や宗派に沿った葬儀をしてほしいということも書いておくことができます。

また、納骨についても、特定の墓地があるならその場所に埋葬してほしいということも書いておくことができます。

生前に葬儀会社などの互助会に入会している場合には、そういった事も任せる相手に教えておかないといけません。互助会で積み立てをしているのであれば、当然その葬儀会社で葬儀をすることになります。あと、葬儀の規模・プランについても死後事務契約書に記載することもできます。自分の葬儀は何百万円もかけて、盛大にやって欲しいのか、親しい人だけを集めて、小さな規模で葬儀をするのか、それも人により様々になります。こういった事も自分の意志でこうしたい、と決めているのであれば、契約書の中に記載しておくほうが良いでしょう。

他に契約書の中に記載する事項としては、家財道具の処分、電気・水道・ガス等の解約手続き、賃貸住宅であれば部屋の明け渡しなども書いておく必要があります。こういった内容をしっかりと書いておかないと、亡くなった本人の代わりに手続きすることができません。亡くなった後、どういった手続きが必要になるか少しまとめてみましょう。

・葬儀、納骨のこと
・宗教、宗派のこと
・電気、水道、ガス等の解約手続き
・市役所など行政機関への届出
・賃貸住宅の場合は、部屋の明け渡し手続き
・家財道具の処分
・病院に入院していた場合や施設に入所していた場合は、費用の精算

などの手続きが必要になってくると考えられます。

このように亡くなった後の手続きなどは、きちんと死後事務委任契約を結んだ相手しかすることができません。最初にも述べましたが、子どもがいる場合はこのような死後事務委任契約を結ばなくても、亡くなった後のことはしてくれるので問題ありません。死後事務委任契約が必要なケースは、「子どもがいない夫婦」や「独り身」の方です。こういった方々は、亡くなったあとのことを親族でない方にお願いしないといけない場合が多いです。親族でない方が本人の亡くなった後のことをするには、本

人との間で死後事務委任契約書を結んでおかないとできません。

子どもがいない夫婦や独り身の方々は、必ずこの死後事務委任契約書を準備しておきましょう。何度も言いますが、この契約は判断能力があるうちしか結ぶことができません。判断能力がある元気なうちにしっかりと準備しましょう。市役所やケアマネジャーが、自分が亡くなった後のことをしてくれる、と誤解されている方も多いようですが、基本的には市役所やケアマネジャーはそこまですることができません。

自分の亡くなった後のことは、自分が元気なうちに決めておきましょう。

【まとめ】

・後見人は、本人の死亡により業務終了となるため、亡くなった後のことまではできない。
・子どもがいない夫婦や独り身の方は、死後事務委任契約を準備しておいた方が良い。
・死後事務委任契約書は、判断能力があるうちしか作成できない。
・死後事務委任契約書には、葬儀や納骨の場所などを記載することができる。

・死後事務についての報酬も契約書の中に記載することができる。
・ケアマネジャーは、亡くなった後のことまではやってくれない。

3 遺言書の重要性

ここでは、遺言書の重要性について説明させていただきます。ここでも特に必要性が高い、子どもがいない夫婦と独り身の方を対象として、お話しさせていただきます。

まずは、独り身の方についてお話しさせていただきます。独り身の方でも、いろいろなケースがあるので、順に説明していきます。

ケース① 結婚歴もなく、兄弟姉妹もいない一人っ子の場合

このケースの場合、両親もすでに亡くなっており、自分が最後に亡くなれば財産

は、法定相続人がいないので国庫に収納される可能性が高いです。亡くなった後の財産を国庫ではなく、生前お世話になった人やお世話になった施設に渡したい場合は遺言書を作成し、その旨記載しておく必要があります。遺言書は、公正証書で作成した遺言書をお勧めします。

遺言書の作成については、本人の判断能力が必要になりますので、判断能力がある元気なうちに作成しておく必要があります。本人の判断能力が低下または衰えている状態では、遺言書の作成はできません。

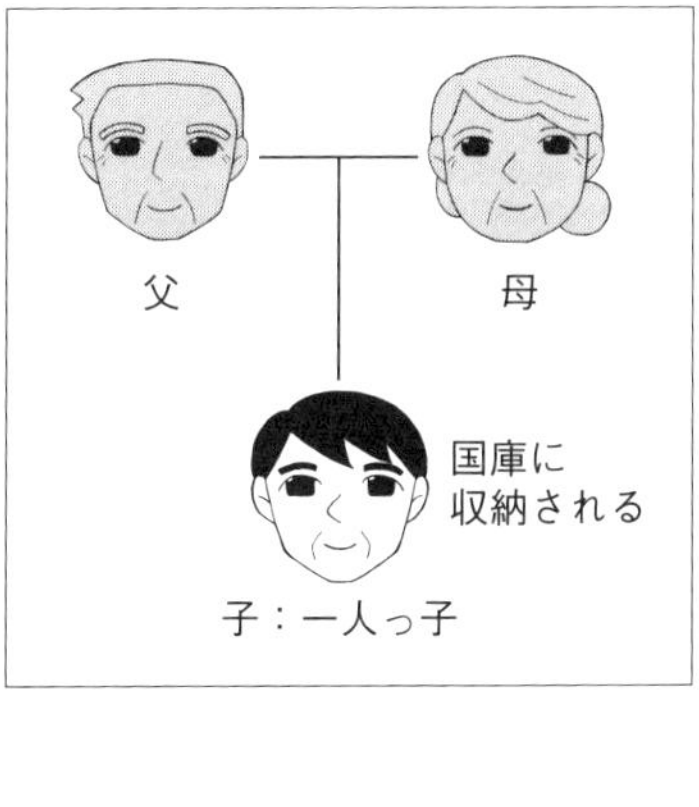

ケース②　兄弟姉妹はいるが仲が良くない、独り身の方の場合

このケースの場合、自分が亡くなった後の財産は子どもがいないので、兄弟姉妹に相続されます（両親はすでに亡くなっていると仮定しています）。しかし、本人が兄弟姉妹と仲が悪く、自分の財産を兄弟姉妹には渡したくないと考えているなら、自分

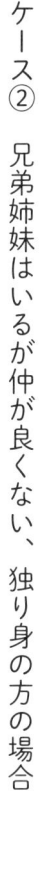

の亡くなった後の財産をどうするのかを遺言書で書いておく必要があります。遺言書を書いておかないと自分の意志に反して、兄弟姉妹が相続することになります。

自分の意志でこうしたい、と考えているなら遺言書を作成しましょう。

ケース③　子どもがいない夫婦の場合

このケースの場合で一番困ってしまうのは、配偶者が亡くなってしまって相続が発生したときです。先の事例のところでも述べましたが、子どもがいない夫婦の場合で遺言書を準備していなくて、配偶者が亡くなってしまい、その配偶者に兄弟姉妹がおり、相続が発生してしまったときがとても大変になります。

その理由について、もう一度説明していきます。子どもがいない夫婦の場合で、配

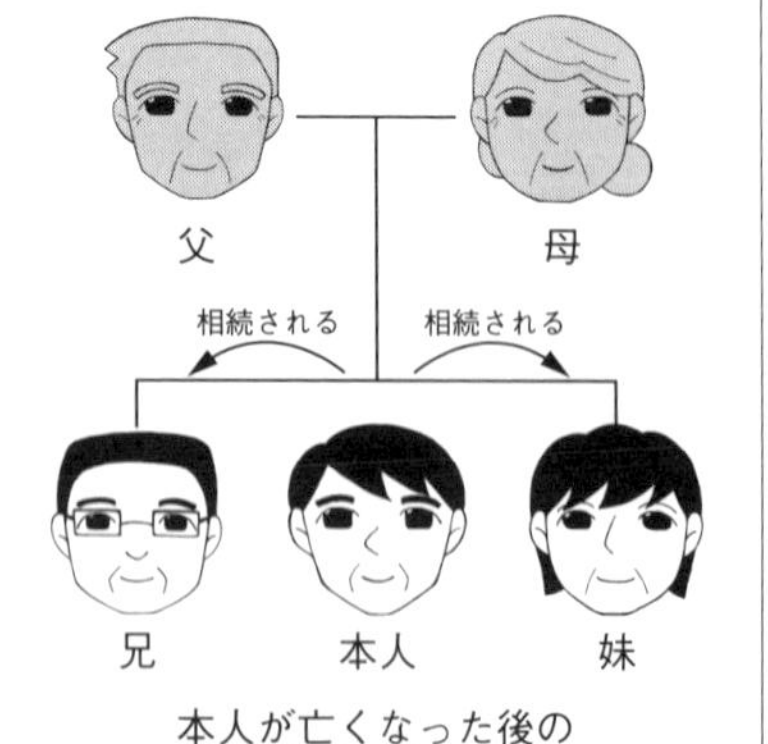

本人が亡くなった後の
財産になる

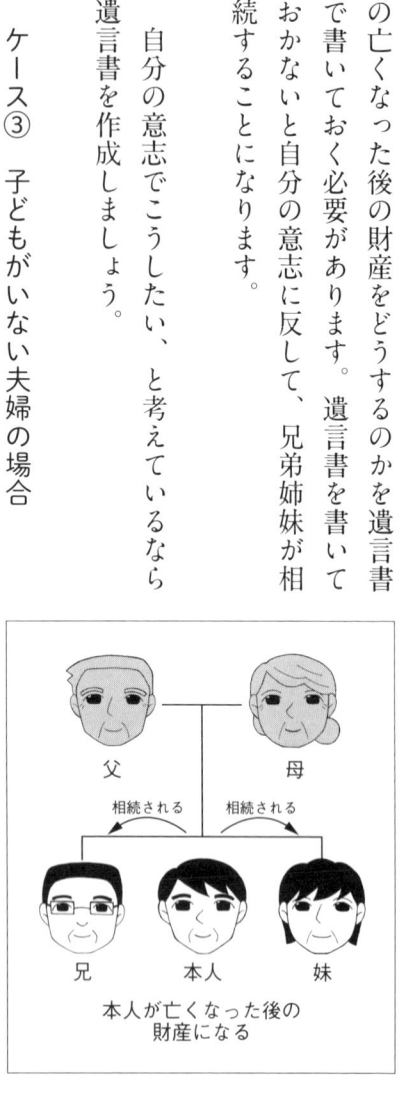

偶者が亡くなったしまったとき、その亡くなった配偶者に兄弟姉妹がいてるとき、その亡くなった配偶者の財産はすべてもう一方の配偶者にすべていく訳ではありません（亡くなった配偶者に兄弟姉妹がいない場合は、一方の配偶者に相続財産はすべていきます）。ここを誤解されている人が非常に多いです。法律上の財産の権利は、亡くなった方の配偶者に3／4、残り1／4が亡くなった方の兄弟姉妹にあります。すべての財産が亡くなった方の配偶者にいかないのです。

特にこのようなケースで問題になるのが、夫名義の土地・家屋に住んでおり、夫が先に亡くなってしまった場合です。夫名義の土地・家屋の相続権についても、先と同じように妻に3／4、兄弟姉妹に1／4があります。このことから、夫名義の土地・建物を妻名義にすべて変更する場合は、夫の兄弟姉妹の同意がないとすべてを妻名義に変更することができません。

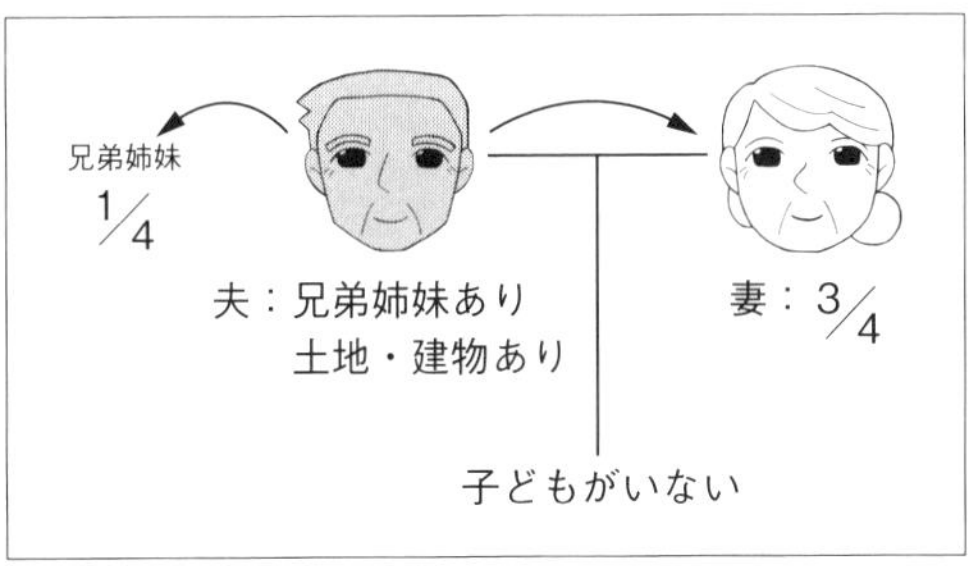

仮に妻が夫の兄弟姉妹と仲が良くない状態で、将来土地と建物を売却したいと思っ

ているなら、相続における遺産分割協議書に妻名義にすることを夫の兄弟姉妹に同意して、実印を押してもらわないと名義変更することができません。

将来、土地・建物を売却して、有料老人ホームなどの施設に入りたいと考えているなら、妻名義に変更しておかないと売却することもできません。また、土地・建物だけではなく、預貯金についても同じです。預貯金についての相続権も同じように妻に3／4、兄弟姉妹に1／4があります。夫名義の預貯金すべてが妻のものになる訳ではありません。預貯金の払戻しについても、各金融機関の取扱いにもよりますが、兄弟姉妹の同意がないと払戻しできないこともあります。

このように子どもがいない夫婦で遺言書を準備していないと配偶者が亡くなったときの相続手続きがとても大変になります。このような事を回避するためにも、夫婦でお互いに遺言書を書いておくことが必要です。夫婦でお互いに自分が亡くなった場合は、すべての財産を配偶者へ渡すという主旨の内容で遺言書を書いておくことです。すべての財産を配偶者に渡す、という遺言書があれば、先ほどの土地・建物・預貯金についての相続財産は、すべて妻に渡ります。兄弟姉妹の同意などは一切いりません。また、兄弟姉妹には法律上の遺留分も認められていませんので、遺言書があれば、すべて妻に財産が渡ります（遺留分とは、一定の条件を満たす相続人に対して法律上確保されている最低限度の相続財産のことをいいます）。

ここまでお話しさせていただき、遺言書の重要性をご理解いただけましたでしょうか。何度も言いますが、遺言書を作成するには本人の判断能力が必要になります。判断能力が低下もしくは衰えている状態であれば、作成することができません。元気なうちに、遺言書をお互いに書いておくことを強くお勧めします。配偶者のためにも遺言書の作成は必要です。

遺言書を準備するタイミングがなかなか見つからない、まだまだ先でいいよと言われる方が多くいらっしゃいます。実際に私も多くの方にそのようなことを言われてきました。しかし、準備をすることに早すぎることはありません。いつ何時、事故や病気で急に亡くなってしまうかわかりません。思い立ったが吉日、すぐに準備して遺言書を作成しましょう。遺言書は、作成した後からでも書き換えは可能です。一度作成したら変更できない、と思われている方もいるようですが、変更できますので安心してください。

【まとめ】

・法定相続人がいない場合、残された財産は国庫に帰属する。
・遺言書を作成することにより、自分の死後、財産をどのようにしたいのかを決めることができる。
・子どももいない夫婦の場合は、お互いに遺言書を書いておかないと相続時に困る場合が多い。
・兄弟姉妹には遺留分はない。
・遺言書の作成は、判断能力があるときしか作成できない。
・遺言書を準備することに早すぎるということはない。
・遺言書の書き換えは、後からでも可能である。

第5章

任意後見契約について

1 任意後見人として任せたい相手がいる場合

将来自分の財産管理などを任せたい相手がいる場合は、その方と公証役場で公正証書の契約書として任意後見契約を結ぶことになります。任意後見契約の相手方を誰にするかは、法律で定められている訳ではありませんので、親族以外の第三者の方でもかまいません。本人が一番信頼する方であれば誰でも大丈夫です。

もちろん、自分が信頼している相手が自分の子どもであれば、その子どもと任意後見契約を結べば、自分の判断能力が低下した場合は、子どもが必ず任意後見人として、財産管理などをしてくれることになります。先にも述べましたが、法定後見制度と違って、任意後見制度の特徴は本人の判断能力があるうちに、将来の後見人を自分の意志で決めることができるということです。自分が子どもを信頼しており、将来の財産管理を任せたいなら、任意後見制度を利用するしかありません。法定後見制度では、家族や親族が後見人として選ばれる可能性がかなり低いのが現状です。

自分が信頼している人に自分の将来の財産管理を任せたいのであれば、自分の判断能力があるうちに、その任せたい相手と任意後見契約を結ぶことが必要です。その準備をしっかりしないと、まったく知らない第三者が法定後見制度の後見人として、あなたの大事な財産を管理することになります。

もうすでに信頼できる相手がいるなら、その人と任意後見契約を結びましょう。行動に移さないとなにも実現できません。

2 任意後見人として任せたい相手がいない場合

任意後見人として任せたい相手がいない場合、どうすればいいのか？これについて一緒に考えていきましょう。

これについては、いくつか選択肢がありますので、順にご説明していきます。まず考えられるのは、わざわざ任意後見制度を利用しないという選択です。わざわざ任意後見制度を利用せず、法定後見制度を利用し、家庭裁判所に後見人を選んでもらうという考え方もあります。この考え方もけっして間違っている訳ではありません。任意後見制度をしっかりと理解した上で、本人の意志でそのような判断をしたのであれば、いいと思います。法定後見制度で後見人になってくれる人は、最終的には家庭裁判所が決めてくれます。自分で探す必要がありません。

しかし、任意後見人として任せたい相手がいないという人は、どういった方でしょうか？

これは私の勝手な推測ですが、子どもがいても音信不通な状況にある夫婦か、子どもがいない夫婦、もしくは独り身の人ではないかと思っています。こういった方は、自分の老後を誰かに任せるということが難しい方だと考えられます。このような方が任意後見制度を利用しないという判断をされると、将来困ったことが起きる可能性があります。

将来困ったことが起きる、とはどういうことか。それは、任意後見制度を利用せずに法定後見制度を利用しようと考えて、実際に法定後見制度を利用する時に、法定後見制度を利用するための申立人がいてないという事態が起き、法定後見制度が利用できないことになる可能性があるからです。こうなってしまうと、本当に困ってしまいます。先にも述べていますが、後見人が決まらないと本人の銀行口座からお金を引き出せなくなってしまい、支払いなどが滞ってしまいます。

このような事態にならないためにも、「子どもがいない夫婦」や「独り身」の方は、法定後見制度に頼るのではなく、積極的に任意後見制度を利用していただきたいです。

次に、任意後見制度を積極的に利用したいが任せる相手がいない場合について説明していきます。

こういった方は、まずは専門家にお願いするのがいいのではないでしょうか。専門家とは、弁護士、司法書士、行政書士などです。ここで気をつけていただきたいのが、弁護士や司法書士、行政書士のすべての人が成年後見制度に精通している訳ではないということです。それぞれに専門分野がありますので、その専門家が成年後見制度についてきちんと精通しているのか確認してください。その専門家が精通しているのであれば、あとは信頼できそうなのか、自分との性格的な相性は合ってそうなのか、などを検討する必要があります。そうなってくると、一度会っただけでは決めないほうがいいでしょう。何度も会って、本当に信頼できるのかを確かめる必要がありま す。また、いろんな人にも会うことも必要です。弁護士の人に会ったり、行政書士の人に会ったりと、いろいろな人に何度も会った方がいいでしょう。焦らず、じっくりと決めてください。

また、任せる相手について、あといくつか注意する点があります。任せる相手の年齢についても気をつけましょう。任せる相手が仮に70歳くらいだと、もしかすると自分よりも先に亡くなってしまう可能性があるので、あまり高齢の方と契約するのは避けた方がいいかもしれません。あとは、個人にお願いするのではなく、法人や団体にお願いすることも出来ます。

個人の方と任意後見契約を結んだ場合、もちろんですがその相手方しか、市役所に行って手続きしたり、銀行に行って口座から出金したりできません。もし仮にその相手方が病気になってしまったりした場合、せっかく任意後見契約を結んだのに、銀行などに行ってもらえることができなかったら、何の意味もありません。

このような状況を避けるために、法人や団体と契約することも検討されたほうがいいでしょう。法人や団体が契約の相手方であれば、基本的には法人や団体の職員であれば、任意後見人として市役所の手続きや銀行の出金などができます。法人や団体が解散しない限り、その法人や団体の職員であれば対応できます。この点が、個人を相手に契約する場合と法人や団体を相手にして契約する場合の違いです。安心という部分では、法人や団体と契約している方が将来安心かもしれません。個人の方と任意後見契約を結んで、その方がもし先に亡くなってしまった場合、再度任せる相手を探さないといけません。自分にまだ判断能力があればいいですが、その時に自分の判断能力が低下もしくは衰えている場合は任意後見契約を結ぶことができません。

このようなことを考えると、個人の相手方よりも法人や団体を相手に任意後見契約を結ぶ方がいいのではないでしょうか。

3 どんな人を後見人にするのがいいのか

どんな人を後見人にするのがいいのかということについて、ここでは私の意見として述べさせていただきます。

まず、基本的なことですが、自分が信頼する相手を自分の意志で選ばれるほうがいいでしょう。自分がこの人なら誠実に自分の将来の財産管理を任せられるという人がいるなら、その人にお願いすればいいと思います。まずは、自分の意志・判断で決めるのがいいでしょう。

次に、そういう信頼できる人がいないなら、法律家に頼るのがいいでしょう。国家資格を持っている弁護士、司法書士、行政書士などに任意後見契約の相手方として頼めるかを相談してみてはいかがでしょうか。誠実で信頼できるのか、自分で見極めることが難しいようであれば、ケアマネジャーの方に同席してもらったりして、いろんな方の目でその法律家が「誠実」で「信頼」できるのかを見極めましょう。

また、その法律家が本業でしっかりと稼げているのかも注意しておきたい点です。後見人が財産を横領するという事件が残念ながら後を絶ちません。横領している後見人の多くが、借金などの負債がかなり多くあり、返済が苦しくて、他人の財産を横領してしまっています。お金に困っていなければ、人のお金を横領することは、ありません。おそらくそのような法律家は、本業でしっかりと売上を上げることができていない、と私は思っております。任せたい法律家の事務所のホームページやブログ、SNSなどをしっかり調べましょう。こちらもできる限りの情報収集し、判断材料として活用していきましょう。

その次に後見人として検討したいのが、法人や団体です。法人や団体に依頼するメリットは、先にも述べましたが、任せた相手方が先に亡くなってしまったり、いざ銀行でお金をおろしてきてほしい時に病気で入院していたりした場合に、せっかく任意後見契約を準備していても、利用するのが難しくなります。そういった事を事前に避けるために法人や団体を後見人として選ぶのもいいでしょう。法人や団体であれば、その法人や団体のスタッフであれば対応できますので、先ほどの事態は起こりえません。ただ、法人や団体が解散してしまったり、倒産したりすると後見人としての活動はできません。そういったことにならないように、法人や団体についても、法律家を選ぶ時と同じように情報収集が欠かせません。しっかりと財務状況や、運営している主体がどんなところなのかを調べて、見極めましょう。自分で見極めことが難しい場合は、ケアマネジャーなどに相談してひとりで決めないようにしましょう。

4 生前事務委任契約と任意後見契約をセットで準備する

任意後見契約を結ぶ場合、生前事務委任契約とセットで結ぶことをお勧めします。この生前委任契約と任意後見契約をセットで結ぶ形を移行型と呼ばれています。

任意後見契約は、本人の判断能力が将来低下した場合に本人の代わりに財産管理などを行う契約ですが、生前事務委任契約はまだ本人の判断能力があるときでも、本人の代わりに銀行や市役所にいって手続きができるように予め代理権を与えておく契約になります。

例えばこういった場合に使います。本人に判断能力があるが、転倒して骨折してしまい、自分では銀行や市役所に行けないという場合に生前事務委任契約を使って、本人の代わりに銀行や市役所に行ってもらうことができます。この生前事務委任契約があることで、まだ本人の判断能力があるが、本人が入院などにより銀行に行けなくても、振込みやお金をおろしてくることができるので、生活に支障をきたすことがなくなります。もう一点、セットで結んでおくとよいことがあります。それは、任意後見契約を発効させるときに、任意後見人の監督人を家庭裁判所に選任してもらわないといけません。その監督人の選任の申立から実際に選任されるまでにどうしても時間がかかってしまいます。おそらく1ヶ月から3ヶ月程度かかると思います。その間、どこかに振込みをしないといけない事がでてきたりした場合に、非常に困ります。監督人が選任されるまで、誰も財産管理ができないのでは、本人の生活に支障をきたしてしまうことがあります。こういった事態を避けるためにも生前事務委任契約があれば、監督人が選任される間は生前事務委任契約の効力を使い、必要なところへ振込んだり、必要な生活費をおろしたりできます。その後、監督人が選任されれば、任意後見契約に切り替わり、間が空くことなく、スムーズに本人の生活を守ることができます。このようにスムーズに支援できるようにということで移行型と呼ばれています。

このように本人の生活についてスムーズに支援するためには、生前事務委任契約と任意後見契約をセットで準備することをお勧めします。

それでは、実際にどのように任意後見契約などを作成していくのか述べていきます。契約書の原案の作成については、法律の専門家に依頼する方がいいでしょう。法律の専門家と打合せをして、どのような契約内容にしていくのかを話し合っていきます。また、代理権についてはどういった範囲で与えるのかなど、本人と相手方とでしっかりと確認します。契約内容がある程度決まったら、法律の専門家と公証役場の公証人とで打合せを行い、契約内容を確定させていきます。契約書の添付書類として、住民票や戸籍謄本、印鑑証明書が必要になります。高齢者の方でたまに実印の印鑑登録を市役所でされていない方がいますので、スムーズに契約を行うために事前に実印の印鑑登録を済まされるほうがいいでしょう。契約内容が確定したら、契約日を決めることになります。

契約当日は、公証人の立会いのもと、再度契約内容をお互いに確認します。契約内容に問題がなければ、署名・押印を行い契約を締結します。この際の押印は実印になります。法律の専門家に依頼している場合は、専門家から準備していただくものや契約締結までの流れなどを説明してもらえるでしょう。

契約書は難しい法律用語で書かれてあるので、少しでも理解できない箇所があれば、依頼した法律の専門家へ気軽に質問しましょう。質問を嫌がるような専門家であれば、依頼するのを止めてもいいと私は思います。しっかりと丁寧に説明してくれる法律の専門家に依頼しましょう。何も依頼する側が遠慮する必要はありません。

最後に法定後見制度との関係について述べておきます。

任意後見制度を予め準備していれば、本人の判断能力が低下もしくは衰えてきた場合は任意後見制度を使います。任意後見制度を使うためには、家庭裁判所に任意後見監督人の選任の申立をします。そして、任意後見監督人が選任されて、はじめて任意後見契約の効力が発生します。

しかし、将来任意後見人になる相手が家庭裁判所に任意後見監督人の申立をしない場合や、その相手が病気になってしまい任意後見人として活動できなくなっている場合など、スムーズに任意後見契約の効力を発生させることができない場合は、法定後見制度を利用したほうがいいでしょう。任意後見契約の効力を発生させようとしているということは、本人の判断能力が低下もしくは衰えている状態であるということなので、任意後見契約の効力を発生させる手続きがうまくいかないようであれば、法定後見制度への利用に切り替えて、家庭裁判所へ法定後見制度の利用の申立をしましょう。任意後見契約を予め準備していても、法定後見制度の利用を妨げるものではありません。任意後見契約を準備していて、将来の任意後見人になる相手方の状況により、効力を発生させる手続きが取れない場合は、法定後見制度を利用しましょう。

5　後見人に与える代理権の内容

次に、任意後見契約を締結した際に任意後見人には、どのような代理権が本人から与えられるのか、具体的にみていきましょう（任意後見契約の場合）。

実際の任意後見契約書の中では、代理権目録として、次のようなことについて代理権を与えるのが一般的であると考えられます。

・介護契約（介護保険制度における介護サービスの利用契約，ヘルパー・家事援助者等の派遣契約等を含む）その他の関連福祉サービス利用契約の締結、変更、解除、解約及び費用の支払等に関する事項
・要介護認定の申請及び認定に対する承認又は審査請求
・福祉関係施設への入所に関する契約（有料老人ホームの入所契約を含む）の締結、変更、解除、解約及び費用の支払等に関する事項

・福祉関係の措置（施設入所措置等を含む）の申請及び決定に対する審査請求
・医療契約並びに病院への入院に関する契約の締結、変更、解除、解約及び費用の支払等に関する事項
・本人に帰属するすべての財産（増加財産を含む）並びにその果実の管理、保存及び処分
・金融機関とのすべての取引
・定期的な支出を要する費用の支払及びこれに関する諸手続
・日常生活に必要な生活費の管理及び物品の購入等に関する事項
・贈与若しくは遺贈（負担付の贈与若しくは遺贈を含む）の受諾又は拒絶
・保険契約の締結、変更、解除、解約並びに保険金の受領
・登記済権利証、実印・銀行印、印鑑登録カード、預貯金通帳、年金関係書類、各種キャッシュカード、有価証券、建物賃貸借契約等の重要な証書等の保管及び各種の手続に関する事項
・住民票の写し、戸籍謄本、登記事項証明書、その他の行政機関の発行する証明書の請求並びに受領に関する事項
・以上の各事項に関して生じる紛争の処理に関し、裁判外の和解・仲裁契約並びに

行政機関に対する不服申立て及びその手続の追行
・以上の各事項に関して生じる紛争の処理に関し、弁護士に対して訴訟行為及び民事訴訟法第55条第2項の特別授権事項について授権すること
・以上の各事項に関する復代理人の選任、事務代行者の指定
・以上の各事項に関連する一切の事項

このような範囲において、本人より代理権を与えられます。言葉を反すと、この範囲において、任意後見人は本人に代わって行為をできることになります。ここに該当しない行為については、代理権を本人から与えられていないので、本人の代わりに何か行為をするということはできません。今みてきたように、右記の範囲は、日常生活の中でとても必要な場面を想定して作成しています。ほとんどの日常生活で起こり得るであろうことについて、代理権を与えるようにしています。これによって、スムーズに任意後見人が後見業務をできるようにしています。

しかし、本人の不動産を処分する場合には、注意が必要になります。本人の不動産を処分する場合には、任意後見監督人の同意が必要になります（任意後見契約が有効

になっている場合)。本人の不動産を処分するというのは、とても重大な行為になりますので、任意後見人が単独で判断し、行動することはできないようになっています。このあたりもし不安に思っている方がいるようであれば、安心してください。

6 任意後見契約を発効させるには

任意後見契約を締結しただけでは、効力は発生しません。任意後見契約の効力を発生させるには、先にすでに述べていますが、任意後見監督人の選任の申立を家庭裁判所に行い、任意後見監督人が選任されたときから任意後見契約の効力が発生します。ですので、任意後見契約を予め準備をしただけでは、まだ不十分であるということです。実際に任意後見契約の効力を発生させようと思えば、任意後見人になる予定の人が家庭裁判所に任意後見監督人の選任の申立をします。そして、任意後見監督人が選ばれて、はじめて任意後見契約の効力が発生します。

この任意後見監督人の選任の申立から実際に任意後見監督人が選任されるまでには、やはり数ヶ月時間がかかる場合があります。そして、一番困ってしまうのは、この申立から選任されるまでの数ヶ月の間の財産管理をどうするのかということです。本人が脳梗塞などで急に状況が一変してしまった場合、誰も財産管理ができなくなり、本人の生活費を銀行からおろしてくることや、どこかに支払いなどがある場合は代わりに支払ってあげることができません。この数ヶ月の空白期間を何とかするために、先にも述べた生前事務委任契約と任意後見契約をセットで結ぶことでこの問題が解消されます。

生前事務委任契約の効力は、契約を締結したときから発生しますので、任意後見監督人の選任の申立から実際に任意後見監督人が選任されるこの数ヶ月間の問題は、生前事務委任契約の効力を使って、本人の財産管理などができます。生前事務委任契約の効力は、任意後見監督人が選任されて任意後見契約の効力が発生すれば、なくなります。生前事務委任契約と任意後見契約をセットで準備しておけば、万が一のときもスムーズで対応できます。生前事務委任契約の必要性について、おわかりいただけましたでしょうか。

少しわかりにくかった人のために、次の図を見ながら確認してください。

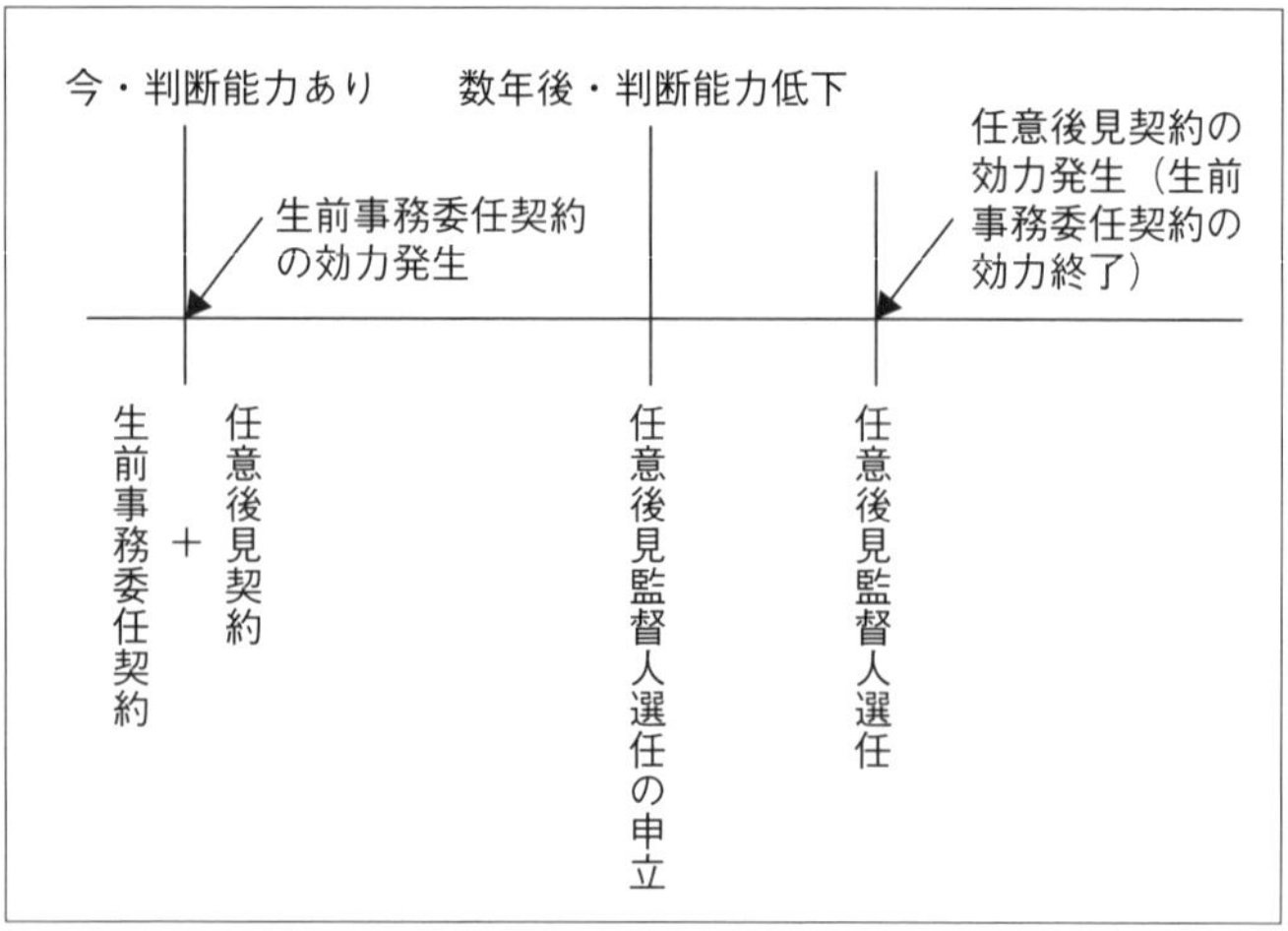

7 一度契約した将来の任意後見人は変更できるのか

本人の判断能力があるうちに契約をした、任意後見契約の相手方を変更できるのかという質問をよくされるので、その点について述べていきます。

一度契約した任意後見契約の相手方との関係がそのあと悪くなってしまう場合も十分にあり得ることです。一度契約してしまった任意後見契約ですが、一方からの解約解除はすることができます。それには、もちろんですが本人の判断能力がまだある、という状況が大前提です（本人の判断能力がない状態だと、そもそも契約解除の意志を示しても、それが本当に理解をして言っているのかどうかわからないので）。そして、契約を解除する場合は、公証役場の公証人の認証を受けることとされています。このような手続きを取ることによって、任意後見契約の相手方と契約解除はすることができます。一度契約してしまったら、任意後見契約の相手方をもう変えることができないということではありません。

このことについてもしっかりと理解をしておきましょう。

第6章

身元保証などをしてくれる団体・法人の見分け方

1 身元保証などをしてくれる団体は全国にたくさんあります

最近は、高齢者の方々の人口が増えてきたこともあり、身元保証などしてくれる団体や法人は、全国にたくさんできています。全国でどれぐらいの数があるのか、はっきりした数はわかりませんが、全国では数百の団体や法人があるのではないでしょうか。私の知っている限りでは、士業が運営している団体や不動産会社が運営している団体、民間人が集まって運営している団体など様々な運営主体の団体が全国には存在します。

こういった団体は、提供しているサービスも様々ですし、費用もそれぞれに違います。しっかりとした信頼できる団体や法人を選ぶことがもっとも大切なことです。

少し前になりますが、２０１６年に身元保証をうたった全国組織の公益財団法人が倒産するというニュースが世間を騒がせました。この団体は、独り身の高齢者を対象とした身元保証サービスを提供していました。全国に会員がいて、その数は2000人超いたそうです。その会員からの預託金2億7千万円を代表者が流用して、その後返済することができず、結局倒産することになりました。

このようなニュースがあり、介護業界もいろいろと影響を受けたのは事実です。私が運営する協会にも多くの方から相談があり、涙を流しながら悔しがる相談者が何人もいらっしゃいました。私自身も公益財団の団体がまさか高齢者から預かったお金を流用し、損害を与えるなんて信じられませんでした。私が高齢者の方の立場だったら、公益財団法人と聞かされたら安心して入会していると思います。このニュースは、本当に衝撃的でした。この団体の代表者は、たしか民間人だったと思います。特に資格のもった専門家でもなかったと記憶しています。

このように自分自身がしっかりと見極めていかないと、入会した団体が横領したりすることになってしまい、大切なお金が返ってこないということが起きてしまいます。実際、このニュースの団体の被害にあった会員の方は、預けたお金がほとんど返ってこない、ということになってしまいました。

老後、安心して生活するために頑張って貯めた資金が戻ってこないことにならないようにたくさんある団体や法人をしっかり見極めましょう。次からは、たくさんある身元保証などをしてくれる団体や法人の見極め方を私なりに考えてみましたので、ぜひ参考にしてください。

2 信頼できる団体・法人の見分けるポイント

まず、注意してみていきたいのは、運営主体がどんなところで、代表者や役員がどんな人がいるのか、という点です。民間人が設立した団体や法人もありますから、その民間人がどのような人なのかをしっかりと調べられる範囲で調べることです。信頼できる団体なのか、入会しても大丈夫な法人なのか、それを判断する材料は多ければ多いほうがいいと思います。また、例えば不動産会社が別の法人をつくって運営していたりすることもあります。その法人自体を調べることはもちろんですが、その親会社にあたる不動産会社もしっかりと調べる必要があります。

具体的に調べる内容はと言うと、やはりどんな人が代表者をしているのか、親会社の経営はうまくいっているのか、ちゃんとした想いがあって高齢者の支援をしているのか、こういった事を調べるのがいいのではないでしょうか。

もう少し掘り下げてお話しさせていただきます。運営している人がどのような人かを見ていくポイントとしていくつか挙げさせていただきます。まず、なにか国家資格をもっているかという視点もひとつのポイントになると思います。国家資格者イコール信頼できる人、にはなりませんが、ひとつの安心材料であることには間違いありません。国家資格者が仮に横領などの犯罪行為を犯すと、その資格をはく奪されることが多いです。そうすると、今まで資格をつかって仕事をしていましたが、資格がなくなると仕事ができなくなり生活が困ってしまいます。こういったリスクを冒してまで、国家資格者が横領などの犯罪行為をする可能性は低いです。そこが民間人とは違うところだと私は考えます。

あとは、その人がどれだけ高齢者支援を積極的に行っているかも確認したいところです。インターネットで調べれば、その代表者が高齢者支援について活動しているのであれば、情報が出てくると思います。例えば、いろいろな地域で講演しているとか、高齢者支援の分野において新聞で紹介された等、しっかりと真面目に活動していれば、インターネットには情報として出てくると思います。できる限りの情報をしっかりと調べましょう。

団体や法人も同じように調べましょう。どんな役員構成なのか、どんな想いで活動しているのか、このような事は一般的にホームページなどに載っている情報になるので、簡単に取得できると思います。逆に、役員構成や活動内容、団体を設立した想いなどが書いていない団体は避けるべきである、と私は思います。設立に対する想いやどんな想いで活動しているのか、ここが一番信頼できるかどうか重要だと思っています。この「想い」がない活動は、結局お金儲けだけを目的にしている団体であるということです。ホームページでは立派な内容を書いていても、地域でそのような活動をしてなかったら、インターネットで調べればすぐにわかります。しっかりと想いをもって活動していれば、インターネットには必ず活動している情報が出てきます。

きちんと「想い」をもって活動しているか、これは本当に信頼できる団体かを見極めるには大きなポイントになります。

【見極めるポイント】

- 運営主体はどこなのか？
- 親会社が別にあるのか？
- 経営状況はどうか？
- 代表者はどんな方なのか？
- 国家資格などを持っているのか？
- 団体の役員構成や活動内容は？
- 想いを持って活動しているか？
- 地域社会でしっかりと活動しているか？

3 各団体のサービス内容の違いに注意する

各団体のサービス内容は様々です。しっかりと各団体のサービスを理解して入会しないと、後で困ったことが発生してきます。

ここでは、私なりにいろいろな団体を調べましたので、私の調べた結果をひとつの情報として、皆さんにお伝えします。先に公益財団法人が倒産したという話をしました。ここの団体のビジネスモデルが全国に広まったので、同じような仕組みで運営している団体が多いことがわかりました。この団体の仕組みは、まず、独り身の高齢者の方などを対象として身元保証のみをサービスとする方法です。提供するサービスは基本的には、身元保証だけになります。それ以外のサービスについては、すべて別途費用がかかるという形態です。例えば、任意後見契約などは基本的には行いません。身元保証だけを行うので、任意後見契約を希望する方がいれば、提携する士業を紹介されて、その士業個人と任意後見契約を結ぶことになります。それらの費用もすべて別途費用がかかってきます。ちなみに、この倒産した公益財団法人は、入会に際して150万円も費用がかかりました。この金額には、身元保証の費用と老後の葬儀代の費用になるそうです。ここには、生前事務委任契約や任意後見契約、死後事務委任契約などの契約作成費用などは含まれておりません。こういった仕組みを取る団体が全国で非常に多いです。

この仕組みだと、なにが困るかと言えば、財産管理ができないということです。銀行に行って本人の口座から正当にお金をおろすことができないということです（本人から暗証番号を聞いて、ATMでおろすことはできますが）。なぜ、銀行に行ってお金をおろすことができないのか？それは、きちんとした法律の手続きを踏んだ、生前事務委任契約や任意後見契約を本人と結んでいないからです。生前事務委任契約や任意後見契約は、相手方に対して本人が代理権を与えます。相手方は、この与えられた代理権に基づいて正当に業務を執行することができるのです。こういった法律の手続きを踏んでいない状況では、なにも代理権がないので、正当に本人の口座からお金をおろすことができません。

皆さんが高齢になり、生活の中で一番困ることはどんなことでしょうか？自分の財産管理ができなくなったり、銀行にも行けなくなって、お金をおろすことができないことが生活していく中で一番困ることではないでしょうか？このような団体に入会しても、一番大事な財産管理などができないということです。身元保証しかサービスを提供していないのです。身元保証のみのサービスとは知らずに、こういった財産管理もやってくれるのだろうと勘違いして入会している方も実際には多いと思います。いざ、財産管理などが必要になり、その団体に代わりに銀行に行ってきてほしいなどと言うと、「これはできない」「そこまでの業務ではない」などと言われて、初めてそうだったのかと気づくことになります。それに気づき、別途、生前事務委任契約や任意後見契約を結ぶことになると、さらに費用がかかります。入会時の費用だけで100万円を超える金額を支払っているのに、そのような契約を追加で頼むとさらに数十万円かかることになり、最終的には非常に高額な金額をその団体などに支払うことになります。

こういうことにならないように、はじめからきちんと契約内容やサービス内容をしっかりと確認・理解することが大切です。しかし、こういったサービスが必要な方は、「独り身」の方や「子どもがいない夫婦」です。残念ながらこういった方々は、身近に相談する相手がいないので、自分たちで判断してしまい、あとで気づくということが多いと思います。そうならないためにもケアマネジャーの方などに相談することが大切だと思います。ひとりで決めずに、周りの方々にも相談して決めていきましょう。費用についてもかなり高額になってきますので、いろいろな人の目で見極めるようにしましょう。

あと、こういった団体はなぜ身元保証しかしないのでしょうか?

それは、率直にいうと身元保証だけで毎月数万円のお金を支払ってもらうほうが楽だからです。身元保証だけをしていると運営について手間がかからないからです。身元保証が必要な場合は、老人ホームなどの施設に入るときや病院に入院したときぐらいです。日常的に身元保証の手続きをしないといけない事は、ありません。だから、身元保証のサービスを提供して、毎月数万円支払ってもらうと手っ取り早くお金を楽に儲けることができるからです。

こういう考えで運営している団体が世間では大半を占めていると私は思います。

私が主宰する団体は、入会時に生前事務委任契約と任意後見契約、死後事務委任契約を団体と結んでいただきます。そして、本人より与えられた代理権をもとに業務を正当に執行していきます。

では、なぜ他の団体はそこまでのことをしないのか？

その答えは簡単です。こういった業務する「覚悟」がないのです。独り身の方や子どもがいない夫婦を将来守っていこうという「覚悟」がないのです。

私が主宰する団体は、しっかりとした「想い」と「覚悟」がありますので、しっかりと生前事務委任契約と任意後見契約、死後事務委任契約を結ぶことを原則としています。こういった契約を結ぶということは、本人が亡くなった後まで私たちが責任を持って、業務を遂行するという表れです。私たちのように入会時に生前事務委任契約や任意後見契約、死後事務委任契約までをしっかりと結んでいる団体は、全国でも非常に少ないです。入会時にかかる費用を比べることもとても大切ですが、それよりもどういったサービスを提供してくれるのかの方がもっと大切です。

入会時の費用だけを比較して、安易に団体を決めるということはやめましょう。しっかりサービス内容を確認することが本当に大切です。各団体のサービス内容をしっかりと比較し、自分が必要とするサービスをその団体が提供してくれるのか、別途費用ばかりかかり高額になってしまわないか、などいろんな視点から比較してから決めましょう。最後に同業他社のサービスをわかりやすく比較表にしておきました。

	B団体	C団体
	10ヶ所 （大阪5、東京1、神戸1、四国1、広島1、愛知1）	東京、名古屋等7ヶ所
	行政書士が代表	法律家・有識者中心
	不明	△ （預り金以外は難しい）
	◎	◎
	不明	△ （別途費用）
	△ （代理権なし、オプション）	△ （代理権なし）
	△ （代理権なし、オプション）	△ （代理権なし）
	12万円～	82万～190万
	あり	年会費＋預託金（月会費）
	△（オプション）	△（オプション）
	行政書士が代表でしている。団体での業務は身元保証、死後事務（オプション、法的根拠なし）等、士業の業務以外の部分をまかなう。身元保証は行うが、手術等の同意権は持たない。判断能力がなくなった際の後見人業務は一切行わないし（士業を紹介できると明記）、後見人がついている人とは契約しない。	法律家が代表を行っている。全国で9都道府県で経営。身元保証を行い、生活支援と葬送支援を行っている。判断能力がある内に預託金を預かり支援を行う。生活支援の預託金が無くなれば、再度お金を預託するシステム。判断能力がなくなれば、提携している弁護士に依頼し後見制度の申請となる為、別途費用が必要になる。

＜同業他団体比較＞

	日本ライフパートナーズ協会	A団体	
事業所	大阪、東京	6ヶ所 （それぞれの事業所が独立）	
運営者	国家資格者で構成	本部は士業、フランチャイズは民間	
金銭管理	◎ （公正証書）	△ （預り金以外は難しい）	
身元保証	○ （正会員のみ）	◎	
生活支援	△ （月1回の訪問）	△ （代理店会社に委託、別途費用）	
万一の時の支援（代理権）	◎ （公正証書により代理権あり）	△ （代理権なし、代理店会社に委託）	
葬儀納骨支援	◎ （公正証書により代理権あり）	△ （代理権なし、代理店会社に委託）	
料金	正会員 50万円	100万円～	
	準会員 20万円		
月会費	あり	あり	
法的根拠	◎	△（オプション）	
特徴	行政書士が代表で、協会との契約の際に生前事務委任契約、任意後見契約、死後事務委任契約を法人後見として結ぶ。法的根拠をもって支援するのでスムーズ。正会員のみある程度のお預り金をお願いするが、ご本人名義にて銀行口座を別途作成し、個別にて管理。身元保証は必要な方のみ（オプション）。海外の移住者の支援も行っていて、いずれ日本に戻ってくる方への支援体制も業務提携により整えている。	全国と名乗っているが、各地域の協会が業務提携している。身元保証をするだけの団体であり、その他のサービスは代理店に委託し、その団体が行う。ただすべてのサービス自体に法的根拠は全くない。任意後見契約等はあくまでオプションである。契約者が判断能力をなくしてしまうと団体に預かっている資金以上に関わることが出来ず、後見人と連携が取れない場合、納骨支援等、本人と契約したサービスを行えないまま退会になる恐れがある。	

4 周りの人にも相談しましょう

今まで述べてきたように、身元保証などをしてくれる団体は全国にかなりあります。また、サービス内容や価格も様々です。必要なサービスがセットになっていて、価格もわかり易くなっているものもあれば、基本のサービスがあり、その他はオプションになっているものもあり、複雑な形態になっているものもあります。

このような団体に加入するにあたり、相談できる人が自分のまわりにいればいいのですが、このような団体のサービスを必要としているのは、独り身の方や子どもがいない夫婦です。このような方は、まわりに相談できる方は少ないと思います。そうなると自分だけで決めてしまうことがどうしても多くなります。先に述べた、倒産した全国団体のときには、私の主宰する協会にもその団体の会員さんが相談に来られました。自分たちは、まわりに頼る人がいないからその団体を頼りにして入会したのに、その団体に騙されるなんて、誰に相談していいかわからず、私たちの協会に相談に来られた方が何人もいました。

こういったことを少しでも防ぐように、やはり入会する団体のことをしっかりと調べて、まわりの方に相談することが大事だと思います。相談できる方がいない場合は、市役所や地域包括支援センターなどに相談してみるのもいいと思います。まずは、ひとりで決めようとしない、いろいろな人の意見を聞いてみるということをしましょう。もちろん最終的に判断するのは、本人自身がすることになります。判断した結果の責任は、自分にあります。そのことを忘れないようにしましょう。他人のせいにするようでは、まわりの方も意見できなくなります。あくまでも自分の責任のうえで、まわりの方の意見を聞いてみましょう。

第7章

私が主宰する団体のご紹介

1 他の団体と何が違うのか

それではここで、私が主宰している「一般社団法人　日本ライフパートナーズ協会」についてご紹介させていただいます。

私たちの団体は、他の団体と何が違うのか、何を特徴としているのか、についてお話しさせていただきます。

まず、当協会の構成メンバーは他の団体とは大きく違います。私たちの協会は、「医療職×法律職×福祉職」というメンバーで構成された日本で初めての団体になります。どういったメンバーがいるのかを具体的に言いますと、「医師」「看護師」「薬剤師」「行政書士」「公認会計士」「税理士」「社会福祉士」といったメンバーで構成しています。なぜこのような構成にしたのかという理由はいくつかあります。

当協会の設立当初は、法律職だけで構成していました。しかし、いろいろと活動を続けていく中で、もっと相談者の方や会員さんが安心・信頼できる団体にしたい、と考え、今までの法律職に加えて、医療職や福祉職の方々にメンバーとして加わっていただきました。このようなメンバー構成にできたのも、私が過去に医療法人に勤務していたからこそかもしれません。医師や看護師、薬剤師、社会福祉士のそれぞれの役割や立場を十分に理解していたからこそ、実現できたのかもしれません。また、理事に就任いただいた医療職の方々も私が医療業界や介護業界を理解していたからこそ、協力していただいたのかもしれません。相談者の方や会員さんのためにも、本当にこのメンバー構成にして良かったと思っています。

相談者や会員の方々の悩み事は、様々です。身体のこともあれば、不動産のこと、お金のことなどありとあらゆるものがあります。こういったことにトータルに解決できる団体を私は目指しています。また、相談者や会員の方々の生活をトータルに支援していくには、医療や介護の知識は欠かせないと考えています。その方の生活を支援するにあたっては、医療職や介護職の方々と連携しないといけない場面が多々あります。そういった時に医療職や介護職の方々とスムーズに連携していくために、医療やりますす。

介護の知識も必要です。こういった点でも、私たちの協会は他の団体とは大きく異なります。

その他に大きく違うところをいえば、「身元保証のみ」というサービスではなく、「生前事務委任契約」や「任意後見契約」、「死後事務委任契約」といった法律の手続きを行い、しっかりとその方の生活を支援できるということです。こういった法律の手続きをきちんと取ることで本人より代理権を与えられることになりますので、本人に代わって銀行に行ってお金をおろすことや、市役所の手続きにいくことも可能になります。

他の団体では、このような「生前事務委任契約」や「任意後見契約」などをはじめに結ぶということをしている団体は、かなり少ないです。こういった手続きをお願いすると、提携している士業を紹介されて、その士業と契約することが多いようです。契約する相手が個人になりますので、その士業の先生が先に亡くなったり、病気になってしまったりすると、せっかく任意後見契約などを準備していても、利用できない可能性があります。個人の方と契約する場合、このような点に不安が残ります。

しかし、任意後見契約などを任せる相手が団体であれば、このような心配がありません。団体の職員であれば、その方に代わって、銀行や市役所の手続きができます。このように個人と任意後見契約などを契約するか、団体と契約するかによって違いがあります。より、将来の不安を無くすなら、団体と任意後見契約などを結ぶほうがいいでしょう。私たちの協会は、団体になりますので、安心して契約していただけます。

また、私たちの協会では、「生前事務委任契約」や「任意後見契約」、「死後事務委任契約」の作成にかかる費用も比較的安く提供するサービスも行っています。当協会には、身元保証をつける会員（正会員）と身元保証をつけない会員（準会員）の2種類の会員形態があります。正会員の場合、この「生前事務委任契約」や「任意後見契約」、「死後事務委任契約」、「遺言書」などの作成に関する費用を無料（公証役場などの実費負担は除く）にしております。身元保証をつけない準会員は、相場の半額程度で契約書の作成に関する費用をいただいております（公証役場などの実費負担は除く）。こういったサービスを提供している団体は、他にはないのではないかと思います。実際にこのような契約書を作成する場合は、公証役場で作成しますので、公証役場の手数料は会員の方に負担していただきます（当協会が公証役場の手数料まで負担することはありません)。

あとは、会員向けサービスとして、当協会と提携している様々な企業様のサービスを特別価格にて受けていただくことができます。例えば、人間ドックを受けたい場合や老後の資産運用について相談したい、有料老人ホーム選びをサポートして欲しいなど、こういった場合には提携先企業様のサービスを受けていただくことができます。こういった他の企業様との提携により、会員の方にサービスを提供できる体制がある団体は、当協会くらいではないでしょうか。

そして、最後に皆さんが一番心配するお金の管理の方法について、述べていきます。

私たちの協会では、身元保証をつける場合は、正会員となり、財産の一部を預かり金としてお預かりさせていただきます。このお金がどうなるのか、どのように管理されているか、が皆さん心配されるところです。

先に述べた、倒産した全国団体はこういった預かり金を私的に流用したために倒産することなり、その団体の会員の方々には預けていたお金が一部しか返却されなくなってしまった、ということになりました。これには、お金の管理の仕方にも問題があったのではないかと思います。会員の方々から預かったお金と事業をしていくお金とを一緒にしてしまったから、こういったことが起きたのではないでしょうか。事業の資金と会員の方々から預かったお金は、しっかりと分けるべきです。

私たちの協会では、銀行に会員の方々ひとりひとりの預かり口口座をつくり、そこへ預り金を入れさせてもらっています。会員ひとりひとりに口座をつくりますので、協会の事業の資金と一緒になることはありませんし、他の会員の預り金とも一緒になることはありません。それぞれの口座に分けて管理しています。また、年に一回、銀行より残高証明書をひとりひとりの口座で発行していますので、自分の預り金がちゃんと使われずに残っていることも確認していただけます。私たちの協会では、これくらい透明性をもって、預り金を管理させてもらっています。ここまで話をするととても納得していただけるのではないかと思います。

私たちの協会の特徴についてまとめておきます。

【日本ライフパートナーズ協会の特徴】

・医療職、法律職、福祉職で構成している団体（全員国家資格者で構成）。
・医療や介護の知識をしっかりと持っている団体。
・相談者や会員の生活の悩みをトータルで解決できる。
・「生前事務委任契約」「任意後見契約」「死後事務委任契約」などの法律の手続きをしっかりとはじめに結ぶ（代理権付与により業務を執行します）。
・「生前事務委任契約」や「任意後見契約」、「死後事務委任契約」、「遺言書」などの作成に関する費用を無料または半額程度で提供している。（公証役場の手数料や実費負担を除く）。
・提携している企業様のサービスを特別価格で提供している。
・預り金は、銀行により個別口座でしっかりと分けて管理（お金をしっかりと管理）。

2 協会の活動内容

私たちの協会の活動について、ご紹介したいと思います。

私たちの協会の活動として、主に行っていることがいくつかあります。まず、医療従事者や介護従事者の方々に対して、任意後見制度をしっかりと理解していただくためにセミナーや勉強会を行っております。残念ながら、市役所の方や地域包括支援センター、ケアマネジャー、病院のソーシャルワーカーで任意後見制度をきちんと理解されている方は極めて少ないのが現実です。家庭裁判所に申立をする法定後見制度についいては、多くの方がある程度理解されていますが、任意後見制度はほとんどの方が理解されていません。

多くの医療従事者や介護従事者の方に任意後見制度を理解していただき、現場で活用してもらうために勉強会やセミナーを無料でさせていただいております。現在は、毎月3回程度、関西や関東の各地でセミナーや勉強会をさせていただいております。私はこういったセミナーや勉強会を独立当初から積極的に行ってきましたので、私のセミナーや勉強会の実施回数は90回を超え、参加者の延べ人数も2000人を超えるようになりました。実際にセミナーや勉強会に参加された医療従事者や介護従事者の方々からは、任意後見制度の活用の仕方がわかりました、とか、どういった方に任意後見制度が必要なのかよく理解できました、と言っていただけます。

また、私は現在、看護科の短期大学の非常勤講師としても、看護学生の方々にも在宅看護の一環として成年後見制度の授業をさせていただいております。医療従事者や介護従事者には、成年後見制度の理解は欠かすことができません。学生のときからしっかり成年後見制度についても学んでもらっています。

私たちの協会では、地域包括支援センターやケアマネジャー、高齢者施設からの相談を積極的に受けております。私たちの協会の特徴である、医療職・法律職・福祉職がメンバーにいるので、様々な問題を解決することができます。こういった協会の貴重な資源を地域包括支援センターやケアマネジャー、高齢者施設に無料で提供しています。利用者さんのことで悩んでいる事案があり、私たちが協力することで解決に結びつくのであれば、私たちは積極的に支援しています。地域包括支援センターやケアマネジャーの方々は、介護や福祉についても知識はもちろんありますが、法律の知識までは専門でないために持ち合わせていません。そういった部分を私たちが補い、問題解決に向けて一緒に協力しています。

私たちは地域包括支援センターの方々やケアマネジャーの方々と一緒に利用者さんのご自宅に訪問して、成年後見制度の説明をする機会がたくさんあります。この場合、私たちの協会では、相談も無料でお受けし、交通費もいただかずに活動しております。それは、相談料や交通費をいただくと、費用がかかるということで相談することをやめてしまう方々がいるからです。任意後見制度が本当に必要な方なのに、費用がかかるということで、機会損失になってしまうのが、本人にとって最も良くないことであると考えているからです。私たちの協会の資源は、公のものとして、無料で提供しています。

3 入会された方の事例のご紹介

ここでは、実際に私たちの協会に入会された方の事例をご紹介させていただきます。こういった事例に自分が該当するかもしれませんので、しっかりとみていきましょう。

【事例 ①】

まずご紹介させていただくのは、Aさん夫婦です。Aさん夫婦には子どもがいなくて、ずっと夫婦ふたりで生活をされてきました。年齢も80歳近くになってきた頃に夫の病気が発覚し、手術や入院が必要ということになりました。妻はご自宅近くの施設に入所しており、足がそれほど自由ではないので、ひとりで外出するというのは難しい状況です。夫の方が比較的自由にひとりで出かけられる状況です。そんな時に夫の病気が発覚し、今後の生活など将来のことについて、考えるタイミングが来ました。

こちらのAさん夫婦については、子どもがいませんので、夫が入院してなかなか退院できない状況にもしなってしまった場合に、銀行などに代わりにいく人がいません。妻はひとりでは行けないので、今後の生活について不安がありました。それぞれの兄弟姉妹の関係も縁遠くなっており、なかなか財産管理までお願いするというのも難しいという状況でした。

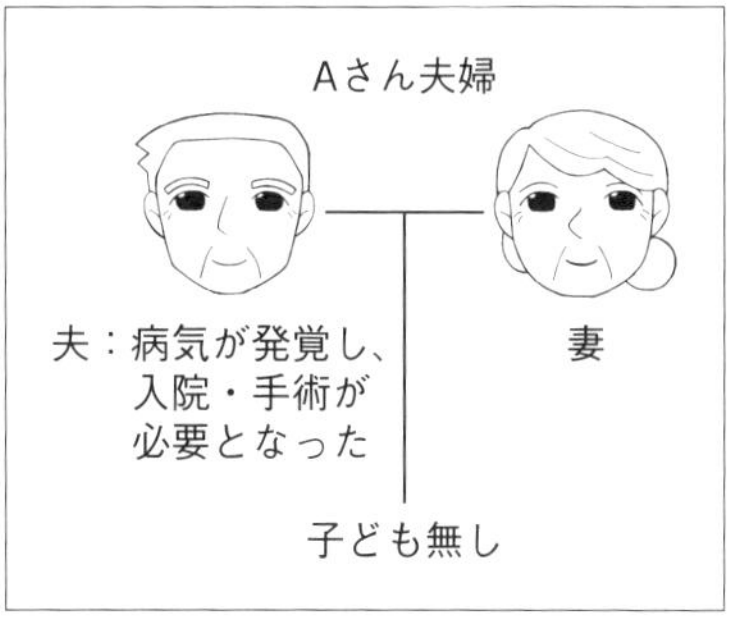

◯この事例の解決するべき問題点

・夫が長期の入院になってしまった場合、財産管理が難しくなる。
・夫婦には子どもがいないので、将来、一方の配偶者が亡くなってしまった場合、もう一方の配偶者が高齢で葬儀などができない可能性がある。
・それぞれ夫婦の兄弟姉妹の関係がそれほど良くないので、残った財産については遺言書を書かないと法定どおりの相続では兄弟姉妹にいってしまう。

そこでこのAさん夫婦に関わっていた地域包括支援センターの方から連絡があり、

Aさん夫婦にとって、これから準備しておいた方がいい「生前事務委任契約」「任意後見契約」「死後事務委任契約」「遺言書」について、説明させていただき、また当協会の支援内容についてもお話しさせていただき、夫婦で入会されることになりました。Aさん夫婦は、もちろん判断能力がまだしっかりとしている状況だったので、比較的スムーズに手続きをすることができました。

今は夫の手術、治療も終わり自宅に戻られている状況です。万が一、夫の体調が悪く入院などしても、すでに「生前事務委任契約」と「任意後見契約」を結んでいますので、すぐに支援できる状況にあります。

【事例 ②】

次にご紹介させていただくのは、Bさん夫婦です。

Bさん夫婦についても子どもがいない家庭でした。財産管理については、昔から夫がすべてしており、妻もすべてを夫に任せていました。夫はまだ元気な状態でしたが、心臓の疾患をもっていました。妻は高齢なこともあり、ひとりで自由に歩けるほどではなかったので、車イスで生活をしていました。Bさん夫婦は、自宅で生活をしており、たまに夫の介護負担を減らすために妻については短期ショートステイの介護保険サービスを利用していました。

いつものように妻が短期ショートステイを利用している期間に、施設が夫と連絡が数日取れないことがあり、自宅を訪ねてみると夫が急死されていました。持病であった心臓疾患が原因であったようです。

急な出来事で独り身になってしまった妻は、財産管理を夫にすべて任せてあったために、今後の生活にとても不安を感じていました。また、妻は車イスでの生活であったため、ひとりで在宅生活を続けるということも難しい状況になり、有料老人ホームなどの施設に入所して生活していかないといけなくなりました。

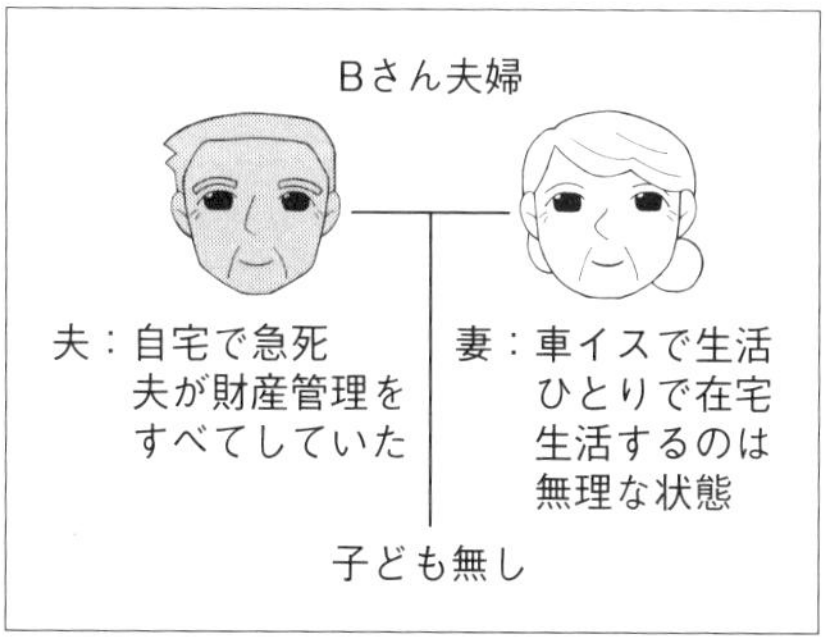

○この事例の解決するべき問題点

・夫がしていた財産管理を代わりの人にしてもらわないといけない。

・夫の相続手続きをして、夫の財産を妻に移さないといけない。
・住宅型の施設に入所する際の身元保証人が必要になる。
・自宅の売却も検討しないといけない。

こういったことが解決するべき問題点としてありました。たまたま短期ショートステイを利用していた施設のグループに住宅型の施設がありましたので、そこに入所する予定をしていました。入所するにあたり、身元保証人をどうしたらいいかということで、施設長から当協会へ相談がありました。

まずは、妻に当協会の身元保証のサービスや今後のことも考えて、「生前事務委任契約」や「任意後見契約」、「死後事務委任契約」について説明をさせていただきました。そして、ご入会いただき、当協会が妻の身元保証人になりました。住宅型の施設の入所も無事に済ませることができました。

次に解決するべき問題としては、相続手続きでした。妻からは相続手続きについても依頼がありましたので、私が行政書士という立場で受けることにしました。先の章でも述べていましたように、夫婦のみの家族で一方の配偶者が亡くなった場合、相続権はどのようになるか皆さんは覚えていますでしょうか?

夫婦のみの家族で一方の配偶者が亡くなった場合、もう一方の配偶者に相続権がすべていくわけではありません。もう一方の配偶者には3/4の相続権がいき、残りの1/4の相続権は亡くなった配偶者の兄弟姉妹にいきます。

今回のBさん夫婦の場合は、夫が相続権のことについて知識があったようで、事前に夫婦で遺言書をしっかりと準備されていました。夫婦で一方が亡くなった場合は、もう一方の配偶者にすべての財産を渡すという内容の遺言書をお互いに書いていました。夫が将来のことまで考えてしっかりと準備されていたのには、驚きました。なかなか遺言書まで準備をされている夫婦は少ないです。遺言書のおかげで相続手続きは、スムーズに進み、夫の財産をすべて妻に移すことができました。また、夫名義で自宅がありましたので、自宅の名義も妻に変更することもできました。

次に自宅をどうするかという問題が残りました。妻は車イスでの生活であったため、在宅で生活することは無理な状況でした。何度か妻とも話し合いをして、将来の生活のために自宅を売却し、現金化することとなりました。自宅を売却するにあたり、自宅に残っている家財道具を処分しなければなりません。施設の方に協力していただき、妻を自宅に連れてきてもらい、大切なものを取りにきてもらいました。その後、家財道具を一日かけて運び出し、処分してもらいました。そして、自宅が空っぽになった状況で不動産会社に依頼し、買い手を探してもらうことになりました。比較的早く買い手も決まり、その後売却することになりました。

今回のケースのように、配偶者の急死に伴い、自宅で生活できないような状況になり、生活が一変してしまうことがよくあります。しかし、当協会が身元保証人になり、スムーズに住宅型施設に入所することができました。また、相続手続きに関しても遺言書があったおかげで、何の問題もなく夫の財産を妻の方へ移すことができました。

妻は今、住宅型の施設で元気に生活されております。まだ判断能力もありますが、当協会が妻の財産管理をきっちりとさせていただいておりますので、妻は安心して自分の生活を不安なく暮らしております。今後、病気などになっても当協会がしっかりと対応させていただく準備は整っています。

【事例　③】

次にご紹介するのは、Cさんの事例です。

Cさんは、離婚されており前妻との間に子どもが一人います。子どもとは、なかなか良い関係を築けていない状況でした。自宅で独りで生活していましたが、病気で入院する機会があり、その入院の手続きの際に身元保証人の欄に子どもの名前を書いていいか聞くと、あまり良い返事がなかったそうです。そのため、今後また入院などをすることがあったときに子どもに頼りたくないということで、自分で任意後見制度のことを調べるようになったそうです。

Cさんに関わっていた地域包括支援センターから一度相談にのってほしい、という連絡があり、

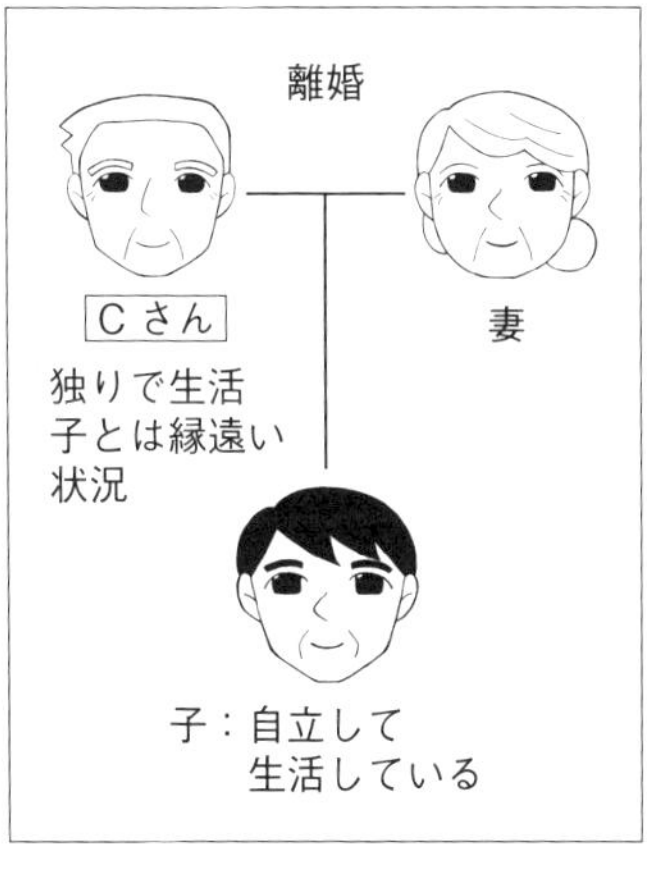

Cさんと会うことになりました。Cさんから今までの事情について、いろいろとお話しを聞くことができました。お子さんはいますが、あまり連絡をして来ないで欲しいという様子だったので、私たちは「生前事務委任契約」や「任意後見契約」、「死後事務委任契約」について、ご説明させていただきました。また、Cさんが一番心配している入院した際の身元保証人としてのサービスも説明させていただきました。Cさんは、私たちに会う前に任意後見制度のことなどをある程度調べておられましたので、すごく理解されるのが早かったです。

○この事例の解決するべき問題点

・万が一、入院した際の身元保証人としてなってくれる人がいない。
・万が一、入院したときの財産管理をどうするか。
・自分が亡くなった時に葬儀などを子どもがしてくれるかどうかわからない。

こういった解決すべき問題について、いろいろとお話しさせていただきました。Cさんは一度考えさせてほしいというお返事でした。その後、半年ほど経ったある日にCさんから電話がありました。私たちもお話しさせていただいてから、半年ほど経っていたので、他の団体で自分に合うところがあり、入会されたのだと思っていたところにCさんから電話がありました。

Cさんからの電話の内容はこのようなことでした。

「半年間、いろいろな団体を調べて会ったりもしてきたが、サービスの内容と価格でそちらが一番いいことがわかりました。入会したいので、すぐに手続きをはじめてほしい。」という内容の電話でした。

Cさんがどの団体などと比較したのかはわかりませんが、私たちにとってはとても嬉しい瞬間でした。私たちの協会では、自分たちのサービスを押し売りすることは一切ありません。あくまでも、正しい情報提供を本人に対してする、というスタンスで仕事をしています。一度検討しますといった方に対して、しつこく電話することもありません。本人の自己決定を尊重したいと考えているからです。たとえ、その本人の判断が周りの人から見ても間違っていたとしても、本人がそう判断したのなら、尊重してあげたいと思っています。もちろん、本人に対してアドバイスはさせていただきます。本人の人生なので、最終的には本人が決断すればいいと考えています。

今、Cさんは元気に自宅で過ごされています。私たち協会スタッフが月1回訪問することを楽しみにされています。日ごろは、独りで生活されているので、スタッフが訪問していろいろとおしゃべりできることを喜ばれています。これからもしっかりとCさんの支援を続けていきます。

【事例 ④】

次にご紹介するのは、Dさんの事例です。

Dさんは、夫を亡くした後、前妻の子どもたちと生活をしていましたが、いろいろとトラブルがあり、ひとりで公団住宅を借りて生活をしています。Dさんはかなりの高齢ですが、まだなんとか独りで在宅生活を送ることができていました。日常生活を送るにあたり介護保険のサービスは受けておられています。そんなDさんが暮らしていた公団住宅が老朽化を理由に解体することになり、立ち退かないといけなくなりました。

立ち退きのタイミングで住宅型の施設に入所する話をDさんと担当のケアマネジャーで話をしていました。そのタイミングでケアマネジャーから、身元保証と財産管理などについて当協会に相談がありました。

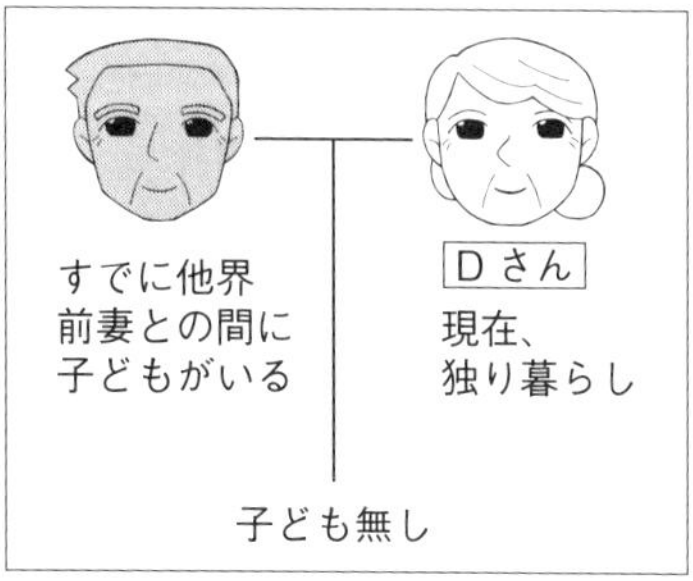

○この事例の解決するべき問題点
・住宅型の施設に入所する際の身元保証人となる人がいない。
・将来Dさんの財産管理をしてくれる人がいない。
・公団住宅の立ち退きに関して、手続きなどをDさんだけではできない。
・Dさんが亡くなった後、葬儀などをしてくれる人がいない。

このような問題がDさんにはありました。

まずは、期限がある公団住宅の立ち退きに伴い、次に生活する住宅型の施設を探し、移ることが最優先事項としてありました。住宅型の施設に入所するには、身元保証人の問題がありましたので、当協会の身元保証サービスの説明をさせていただき、同時に「生前事務委任契約」や「任意後見契約」、「死後事務委任契約」の説明もさせていただき、当協会に入会していただくことになりました。

Dさんの場合は、夫とのあいだに子どもがいないので、「生前事務委任契約」、「任意後見契約」、「死後事務委任契約」が必要です。また、今回は作成していませんが、「遺言書」も書いてもらえるほうがいいと考えています。Dさんには、タイミングを見ながら遺言書のお話しをさせてもらう予定です。今は、Dさんに取って、住宅型の施設に生活を移すことがまずは優先的にしていかないといけません。高齢であるDさんに、あれもこれもと一度にいろいろな事を進めていくことを私たちは避けていきます。高齢者の方には、物事をゆっくりと進めてあげないと途中で疲れてしまい、うまくいかないことがあるからです。こちらのペースでなく、本人のペースを保ってあげることが大事です。

その後、Dさんの住宅型の施設を探すにあたっては、当協会とケアマネジャーがしっかりと連絡を取り合い、本人の希望するエリアや毎月の費用などを考慮しながら進めていきました。Dさんはいくつかの施設を見学し、ある施設に入居することを決められました。入居に際しての手続きについては、当協会スタッフも立会い進めていく予定をしております。入居が決まると次は施設への引越しがあります。こういった場合でも、当協会と提携している会社に見積りを取り、実際に依頼することもあります。もちろん、当協会と提携している会社よりの他社の方が安く済む場合は他社を使っていただいていますので、その点も安心してください。

引越しが終われば、不要な家財道具を処分して、借りていた部屋を返さないといけません。Dさんは、高齢なので部屋を返却する際の立会いなどは難しいという状況です。しかし、「生前事務委任契約」や「任意後見契約」を準備していますので、Dさんの代わりに正当な立場で私たち協会が手続きすることができます。生前事務委任契約や任意後見契約を準備していないと、Dさん自身が手続きをしたり、部屋を返すにあたって立ち会わないといけないことになります。ケアマネジャーはそういったことができないので、注意が必要です。ケアマネジャーの方が何でもしてくれると、誤解されている方が非常に多いです。ケアマネジャーの主な業務は、ケアプランを立てることです。利用者さんの引越しを手伝ったり、部屋を返却する手続きをすることは業務外の仕事です。しかし、ケアマネジャーは自分の利用者さんにはなるべくできることはしてあげようと、皆さん親切心で動いてくれています。そのことをしっかりと利用者さん側は理解しないといけません。ケアマネジャーもできることと、できないことがあります。私たちもなるべくケアマネジャーの方の負担を軽減できるように活動しています。

いまDさんは、住宅型の施設の入居の準備をしているところです。今後、入居の手続き、引越し、部屋の返却とやるべきことが続いていきます。私たちがしっかりとDさんの生活を支援していかないといけません。スムーズに住宅型の施設に生活を移せるように支援していきます。

【事例　⑤】

次にご紹介するのはEさんの事例です。

Eさんは夫が先に他界し、現在は独り暮らしをしています。高齢のために自由に出歩くことができない状況なので、ご近所の方に銀行へいってもらい、口座から生活費などをおろしてもらってきていました。ご近所の方も親切心で銀行に行ったりしていましたが、いつまでもこういったことはできない、Ｅさんに急に頼まれて困ることもある、などご近所の方の支援も限界がきていました。また、Ｅさんの弟さんは、病院に長期で入院しており、弟さんの病院の支払いなどもＥさんがされていました。こういった状況で、万が一、Ｅさんが病気などで入院してしまった場合、誰もＥさんの財産管理などができないことになってしまいます。そういったことになる前に任意後見制度を利用してほしいと、担当のケアマネジャーから相談がありました。

○この事例の解決するべき問題点

・ご近所の方が代わりに銀行にいってくれているが、そろそろ限界にきている。
・Ｅさんが病気などで入院した場合の財産管理をする人がいない。
・Ｅさんの弟さんの入院費の支払いなど、今後Ｅさんができなくなったら誰もする人がいない。

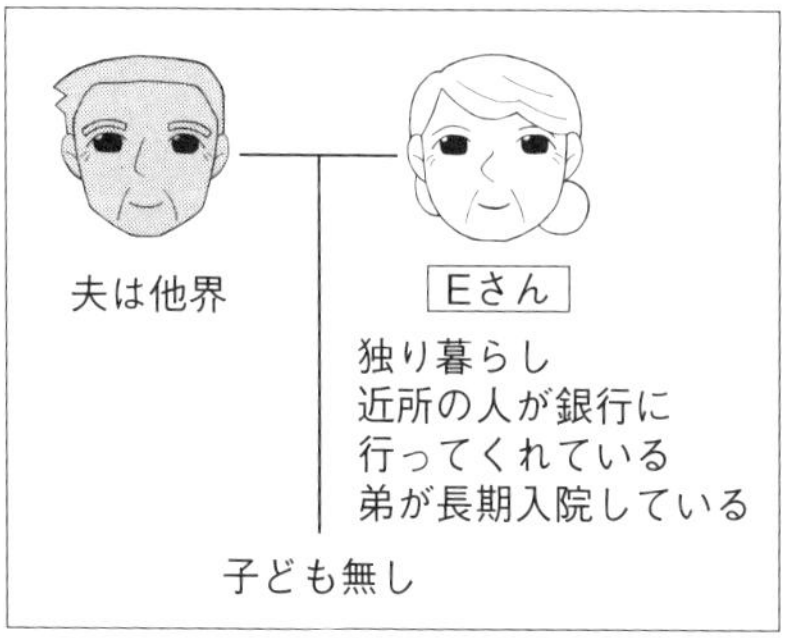

こういったことが解決するべき問題としてありました。

Eさんには、はじめお会いして「生前事務委任契約」や「任意後見契約」などの説明をさせていただきましたが、今はご近所の方が手伝ってくれているので、特に必要ないと言われてしまいました。当然、現時点で困ったことが起きている訳ではありませんので、そのような返事になっても仕方がないと思います。

その後、ケアマネジャーとご近所の方がEさんのことについて話をしてくれたようで、ご近所の方も法律制度でそういったことができるのであれば、そのようにしてほしいということになったそうです。そうして、ご近所の方とケアマネジャーとEさんとが話し合いをして、やっと理解をしてくれたそうです。

実際に私がはじめてEさんとお会いして説明させていただいてから、3ヶ月後くらいにEさんが理解してくれたとケアマネジャーから連絡があり、再度Eさんにお会いすることになりました。Eさんにすれば、ご近所の方が冷たく感じたかもしれませんが、ご近所の方もいつまでもEさんの代わりに銀行に行くのも大変ですし、ATMで他人の口座からお金をおろすのもいい気分ではありません。こういったことを正当にできるようにするには、「生前事務委任契約」や「任意後見契約」が必要になります。

また、Eさんの弟さんのこともあり、Eさんが病気などで入院してしまったら弟さんの病院への支払いも止まってしまい、誰も助けることができなくなります。こういったことを未然に防ぐためには、「生前事務委任契約」や「任意後見契約」がどうしても必要になります。Eさんの判断能力が低下してしまってからでは、手遅れになります。Eさんが法定後見制度を利用しようとした場合に中立人になってくれる人がいないからです。

法定後見制度が利用できなくなると本当に困ってしまうので、事前に任意後見制度の利用を促さないといけません。こういったことを考えると、Eさんの担当のケアマネジャーは事前に任意後見制度の必要性を理解されていたのだと思います。

Eさんは、「生前事務委任契約」や「任意後見契約」を理解されて、当協会へ入会していただきました。

今は、Eさんの自宅に毎月訪問させていただき、当協会と信頼関係を築いている最中です。今後は、弟さんの財産管理についての問題を一緒に解決していかないといけません。これもタイミングを見ながら、Eさんのペースで話を進めていければと思っております。まずは、Eさんとの信頼関係の構築を優先して活動しております。

ここまで見てきたように、それぞれの事例にはいくつかの共通点があったと思います。独り身であったり、子どもがいなかったりといったことが共通点としてあります。また、こういった方々は、何度も申していますが、法定後見制度の利用の際に申立人となってくれる人がいないということも共通しています。法定後見制度を利用できない状況を回避するためには、任意後見制度が本当に必要になってきます。任意後見制度を準備するには、本人の判断能力があるうちでないとできません。本人の判断能力が低下してしまっていては、任意後見制度を利用できないので、事前対応が必要です。

このことをしっかりと理解して、自分自身で将来の生活に困らないように準備をしていきましょう。

第8章

よくあるご質問について お答えします

最後の章では、皆さんからよく質問される事項について、お答えしていきたいと思っております。

①成年後見制度を利用すると戸籍に記載されますか？

成年後見制度を利用したからといって、戸籍に記載されることはありません。ただし、東京法務局が管理する「後見登記等ファイル」に登記されます。本人の戸籍に記載されることはありません。

どうしてこのような質問をよく受けるのかと言いますと、成年後見制度がはじまる前の制度として「禁治産」「準禁治産」の制度がありました。「禁治産」「準禁治産」の宣告がされると，その事項が本人の戸籍に記載されることになっていたことから，制度利用への抵抗感がありました。このような事情をご存知の方は、よく成年後見制度についても戸籍に記載されるのではないか、と思われる方がいます。

先ほどお答えしましたように、成年後見制度を利用しても戸籍に記載されることはありません。

②法定後見制度の後見人に家族はなれないの？

第2章でも記載してありますが、後見人に家族がなれるかどうかは最終的には家庭裁判所の裁判官が決定します。後見人として家族がなりたいという方がいる場合は、申立書類の中で後見人候補者という箇所がありますので、そこに名前を書くことができます。しかし、名前を書いたからといって、その方が必ず後見人に選ばれるかどうかはわかりません。後見人を誰にするかは家庭裁判所の裁判官が決めます。

家族の方が後見人になる割合については、年々減少傾向にあります。家庭裁判所が発表している情報を確認してみてください。家族や親族が後見人として選ばれた割合は、全体の約3割です。残りの約7割は、第三者の専門家等になります。この割合から考えると家族が選ばれる割合は非常に低いということを理解して、法定後見制度の利用を考えなければなりません。まったく知らない第三者が後見人となる可能性が高いということです。

成年後見関係事件の概況

－平成２８年１月～１２月－

最高裁判所事務総局家庭局

目　次

本資料は，平成２８年１月から１２月までの１年間における，全国の家庭裁判所の成年後見関係事件（後見開始，保佐開始，補助開始及び任意後見監督人選任事件）の処理状況について，その概況を取りまとめたものである。

以下の数値は，いずれも当局実情調査の結果に基づく概数であり，今後の集計整理により，異同訂正が生じることがある。また，各項目別割合は，原則として，小数点以下第二位を四捨五入したものであり，比率の合計が１００とならない場合及び小計として表示されている比率と一致しない場合がある。

なお，平成２７年以前の数値について，所要の訂正を行ったため，過去の概況において掲載した数値と一致しない場合がある。

平成２９年３月

1　申立件数について（資料１）

○　成年後見関係事件（後見開始，保佐開始，補助開始及び任意後見監督人選任事件）の申立件数は合計で３４，２４９件（前年は３４，７８２件）であり，対前年比約１．５％の減少となっている。

○　後見開始の審判の申立件数は２６，８３６件（前年は２７，５２１件）であり，対前年比約２．５％の減少となっている。

○　保佐開始の審判の申立件数は５，３２５件（前年は５，０８５件）であり，対前年比約４．７％の増加となっている。

○　補助開始の審判の申立件数は１，２９７件（前年は１，３６０件）であり，対前年比約４．６％の減少となっている。

○　任意後見監督人選任の審判の申立件数は７９１件（前年は８１６件）であり，対前年比約３．１％の減少となっている。

（資料１）　過去５年における申立件数の推移

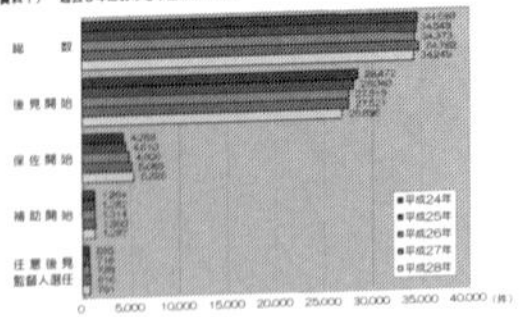

（注）　各年の件数は，それぞれ当該年の１月から１２月までに申立てのあった件数である。

4　申立人と本人との関係について（資料4，5）

○　申立人については，本人の子が最も多く全体の約29．1％を占め，次いで市区町村長（約18．8％），その他親族（約12．8％）の順となっている。

○　市区町村長が申し立てたものは6，466件で，前年の5，993件（全体の約17．3％）に比べ，対前年比約7．9％の増加となっている。

（資料4）　申立人と本人との関係別件数

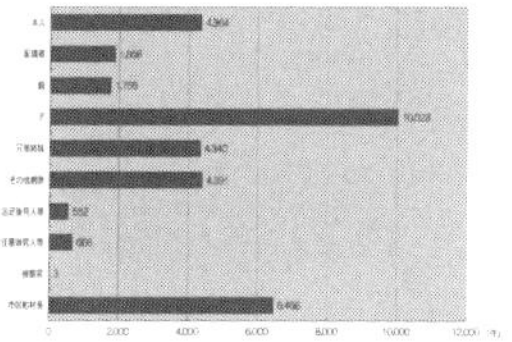

（注1）　後見開始，保佐開始，補助開始及び任意後見監督人選任事件の終局事件を対象とした。
（注2）　申立人が該当する「関係別」の個数を集計したもの（34，429件）を母数としている。
（注3）　その他親族とは，配偶者，親，子及び兄弟姉妹を除く，四親等内の親族をいう。

2　終局区分について（資料2）

○　成年後見関係事件の終局事件合計34，346件のうち，認容で終局したものは約95．5％（前年は約95．3％）である。

（資料2）　終局区分別件数

	既済総数	後見開始			保佐開始			補助開始			任意後見監督人選任		
		認容	却下	その他	認容	却下	その他	認容	却下	その他	認容	却下	その他
全国	34,346	[illegible]	[illegible]	[illegible]	[illegible]	24	221	1,204	[illegible]	[illegible]	[illegible]	26	[illegible]

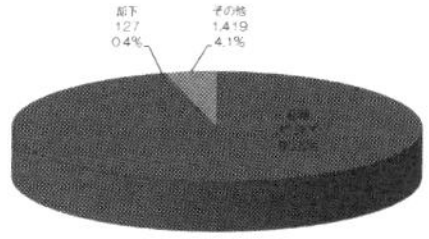

（注1）　平成28年1月から12月までに終局した件数である。
（注2）　その他には，取下げ，本人死亡等による当然終了，移送などを含む。

（資料5）　申立人と本人との関係別件数（家庭裁判所管内別）

管内	総数	うち市区町村長申立て
東京	5,192	1,031
横浜	2,655	566
さいたま	1,478	318
千葉	1,634	302
水戸	446	73
宇都宮	302	37
前橋	411	53
静岡	1,003	118
甲府	195	50
長野	511	85
新潟	796	109
大阪	2,713	509
京都	1,069	160
神戸	1,716	266
奈良	376	48
大津	466	71
和歌山	268	49
名古屋	1,270	233
津	353	86
岐阜	389	52
福井	213	48
金沢	377	63
富山	326	44

管内	総数	うち市区町村長申立て
広島	723	124
山口	434	74
岡山	850	267
鳥取	217	45
松江	200	40
福岡	1,351	158
佐賀	255	33
長崎	309	28
大分	254	23
熊本	483	106
鹿児島	395	82
宮崎	342	100
那覇	389	91
仙台	360	80
福島	298	101
山形	269	99
盛岡	281	35
秋田	156	25
青森	308	88
札幌	771	108
函館	83	10
旭川	182	34
釧路	245	69
高松	259	66
徳島	259	70
高知	251	54
松山	346	85
総数	34,429	6,466

（注1）　後見開始，保佐開始，補助開始及び任意後見監督人選任事件の終局事件を対象とした。
（注2）　申立人が該当する「関係別」の個数を集計したものであり，1件の終局事件について複数の申立人がある場合に，複数の「関係別」に該当することがあるため，総数は，終局事件総数（34，346件）とは一致しない。
（注3）　市区町村別の申立件数については把握していない。

3　審理期間について（資料3）

○　成年後見関係事件の終局事件合計34，346件のうち，2か月以内に終局したものが全体の約77．4％（前年は約76．2％），4か月以内に終局したものが全体の約94．7％（前年は約94．7％）である。

（資料3）　審理期間別の割合

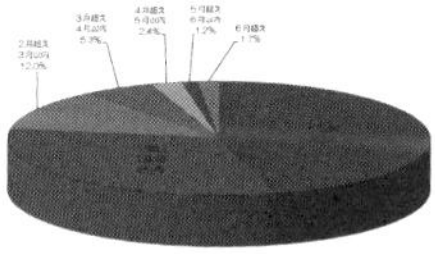

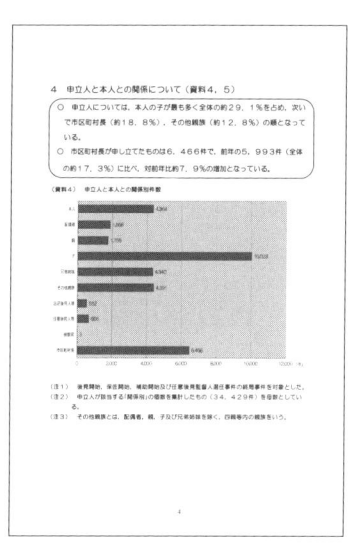

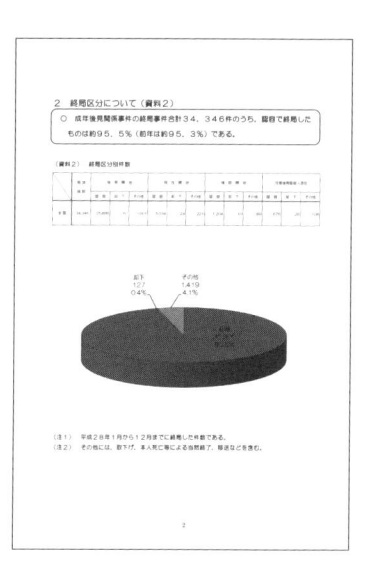

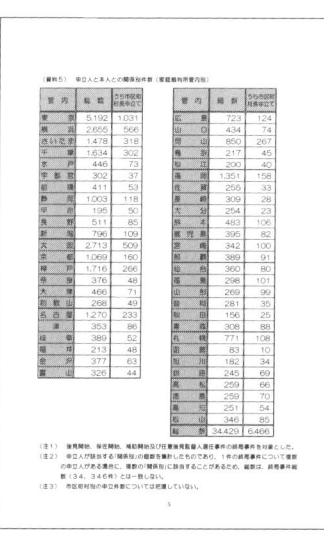

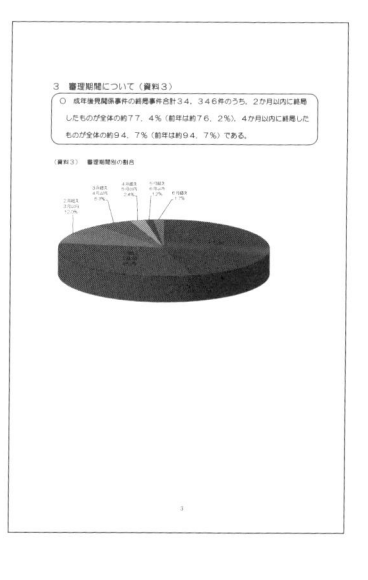

5　本人の男女別・年齢別割合について（資料６）

○　本人の男女別割合は，男性が約４１．１％，女性が約５８．９％である。

○　男性では，８０歳以上が最も多く全体の約３４．５％を占め，次いで７０歳代の約２４．１％となっている。

○　女性では，８０歳以上が最も多く全体の約６３．８％を占め，次いで７０歳代の約１８．３％となっている。

○　本人が６５歳以上の者は，男性では男性全体の約６９．２％を，女性では女性全体の約８６．８％を占めている。

（資料６）　本人の男女別・年齢別割合

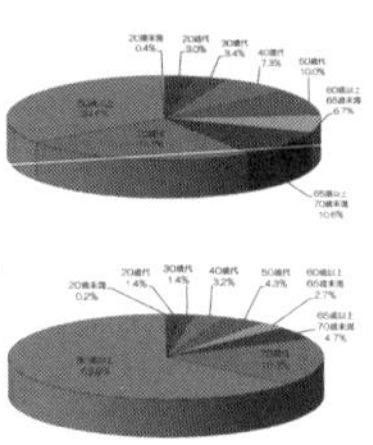

（注）　後見開始，保佐開始，補助開始及び任意後見監督人選任事件のうち認容で終局した事件を対象とした。

6　申立ての動機について（資料７）

○　主な申立ての動機としては，預貯金等の管理・解約が最も多く，次いで，身上監護となっている。

（資料７）　主な申立ての動機別件数

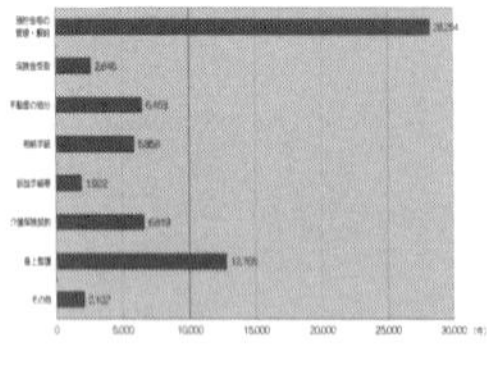

（注１）　後見開始，保佐開始，補助開始及び任意後見監督人選任事件の終局事件を対象とした。
（注２）　１件の終局事件について主な申立ての動機が複数ある場合があるため，総数は，終局事件総数（３４，３４６件）とは一致しない。

7　鑑定について（資料８，９）

○　成年後見関係事件の終局事件のうち，鑑定を実施したものは，全体の約９．２％（前年は約９．６％）であった。

○　鑑定の期間については，１か月以内のものが最も多く全体の約５５．０％（前年は約５４．６％）を占めている。

○　鑑定の費用については，５万円以下のものが全体の約６１．９％（前年は約６０．９％）を占めており，全体の約９７．８％の事件において鑑定費用が１０万円以下であった（前年は約９７．６％であった。）。

（資料８）　鑑定期間別割合

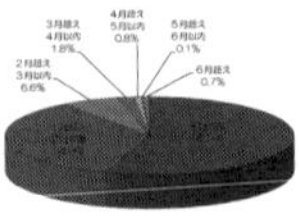

（資料９）　鑑定費用別割合

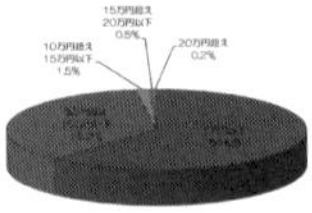

8　成年後見人等と本人との関係について（資料１０）

○　成年後見人等（成年後見人，保佐人及び補助人）と本人との関係をみると，配偶者，親，子，兄弟姉妹及びその他親族が成年後見人等に選任されたものが全体の約２８．１％（前年は約２９．９％）となっている。

○　親族以外の第三者が成年後見人等に選任されたものは，全体の約７１．９％（前年は約７０．１％）であり，親族が成年後見人等に選任されたものを上回っている。その内訳は，弁護士が８，０４８件（前年は８，００１件）で対前年比約０．６％の増加，司法書士が９，４０８件（前年は９，４４２件）で対前年比約０．４％の減少，社会福祉士が３，９９０件（前年は３，７２６件）で対前年比約７．１％の増加，市民後見人が２６４件（前年は２２２件）で対前年比１８．９％の増加となっている。

（資料１０）　成年後見人等と本人との関係別件数

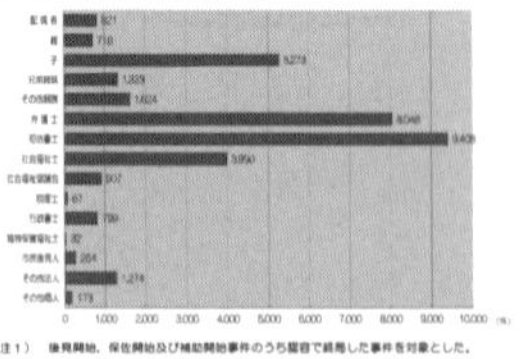

（注１）　後見開始，保佐開始及び補助開始事件のうち認容で終局した事件を対象とした。
（注２）　成年後見人等が該当する「関係別」の個数を集計したもの（３４，７２１件）を母数としており，１件の終局事件について複数の成年後見人等がある場合に，複数の「関係別」に該当することがあるため，総数は，認容で終局した事件総数（３２，１２４件）とは一致

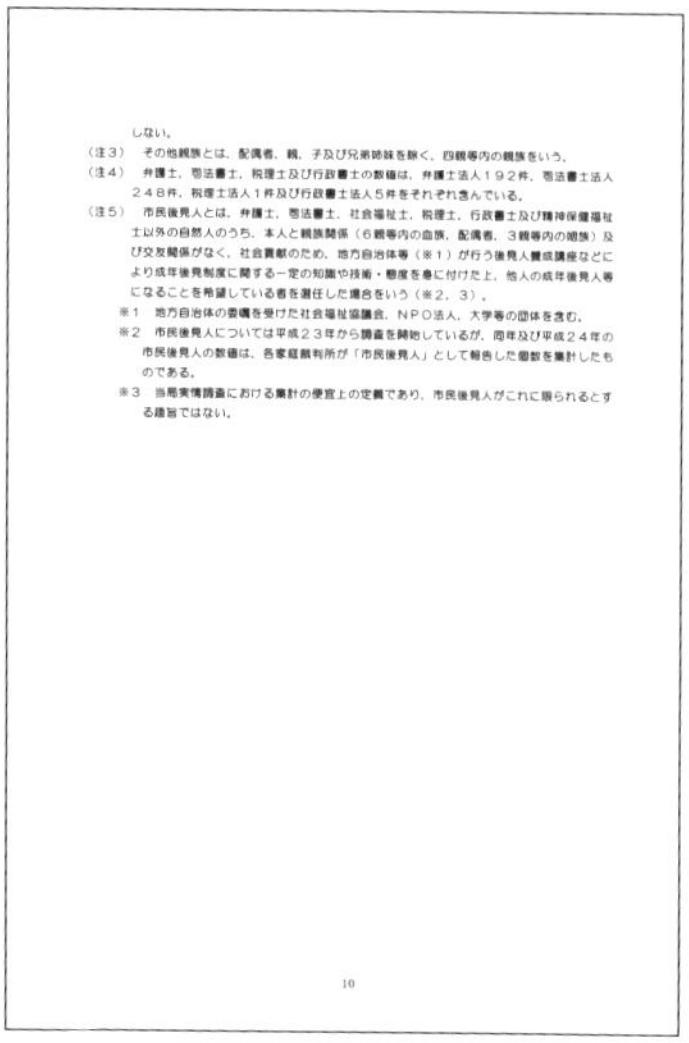

しない。

（注３）　その他親族とは，配偶者，親，子及び兄弟姉妹を除く，四親等内の親族をいう。

（注４）　弁護士，司法書士，税理士及び行政書士の数値は，弁護士法人１９２件，司法書士法人２４８件，税理士法人１件及び行政書士法人５件をそれぞれ含んでいる。

（注５）　市民後見人とは，弁護士，司法書士，社会福祉士，税理士，行政書士及び精神保健福祉士以外の自然人のうち，本人と親族関係（６親等内の血族，配偶者，３親等内の姻族）及び交友関係がなく，社会貢献のため，地方自治体等（※１）が行う後見人養成講座などにより成年後見制度に関する一定の知識や技術・態度を身に付けた上，他人の成年後見人等になることを希望している者を選任した場合をいう（※２，３）。

※１　地方自治体の委嘱を受けた社会福祉協議会，ＮＰＯ法人，大学等の団体を含む。

※２　市民後見人については平成２３年から調査を開始しているが，同年及び平成２４年の市民後見人の数値は，各家庭裁判所が「市民後見人」として報告した個数を集計したものである。

※３　当局実情調査における集計の便宜上の定義であり，市民後見人がこれに限られるとする趣旨ではない。

10

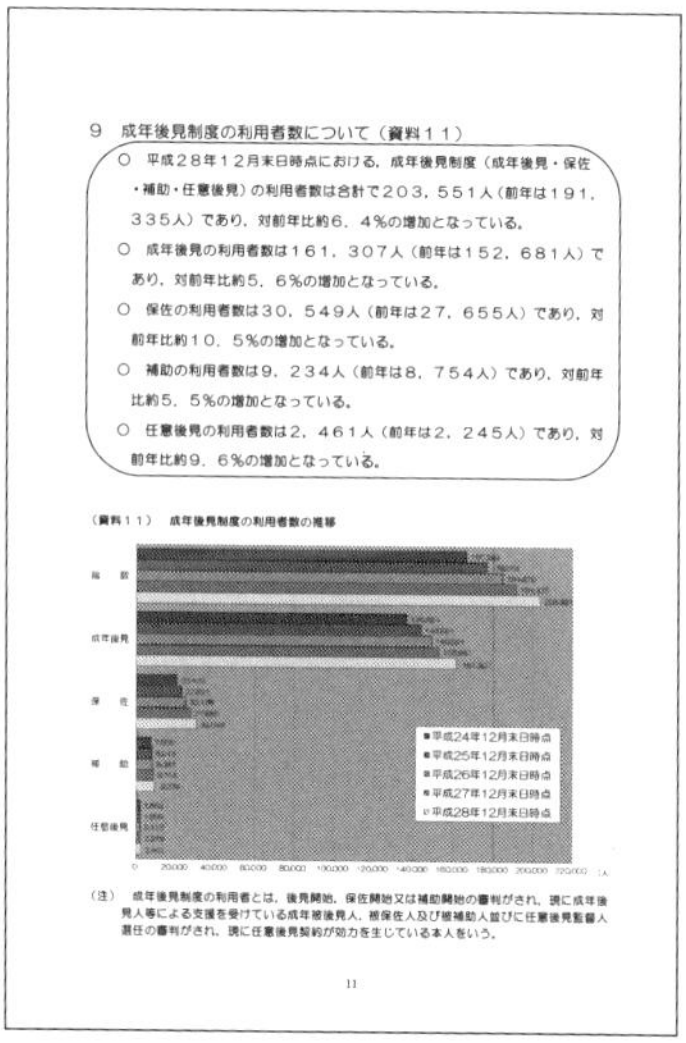

9　成年後見制度の利用者数について（資料１１）

○　平成２８年１２月末日時点における，成年後見制度（成年後見・保佐・補助・任意後見）の利用者数は合計で２０３，５５１人（前年は１９１，３３５人）であり，対前年比約６．４％の増加となっている。

○　成年後見の利用者数は１６１，３０７人（前年は１５２，６８１人）であり，対前年比約５．６％の増加となっている。

○　保佐の利用者数は３０，５４９人（前年は２７，６５５人）であり，対前年比約１０．５％の増加となっている。

○　補助の利用者数は９，２３４人（前年は８，７５４人）であり，対前年比約５．５％の増加となっている。

○　任意後見の利用者数は２，４６１人（前年は２，２４５人）であり，対前年比約９．６％の増加となっている。

（資料１１）　成年後見制度の利用者数の推移

（注）　成年後見制度の利用者とは，後見開始，保佐開始又は補助開始の審判がされ，現に成年後見人等による支援を受けている成年被後見人，被保佐人及び被補助人並びに任意後見監督人選任の審判がされ，現に任意後見契約が効力を生じている本人をいう。

11

③法定後見制度の申立人は誰でもなれますか？

法定後見制度の申立人は、誰でもなれる訳ではありません。申立人となれるのは

・本人

・配偶者

・四親等内の親族

・市町村長
・検察官

となります。この方々以外は、法定後見制度の利用にあたって、申立人にはなれません。また、申立にあたって注意していただきたいことは、申立にかかる費用を本人に負担させてはいけないということです。本人のためにする申立ですが、申立にかかる費用を本人に負担させてはいけないのです。

実際に申立にかかる費用というのは、家庭裁判所に納める印紙や切手のほかに、法律の専門家に申立の書類作成を依頼した場合に作成費用があります。家庭裁判所に納める費用については、申立当日に本人負担にしてほしい旨の上申書を提出することにより、認められる場合がありますが、法律の専門家に依頼した申立書類の作成費用などは申立人負担となります。この点は、法定後見制度を利用するにあたっては注意すべき事項です。

④後見人ができないことは、どんなことですか？

後見人ができないことは、いくつかあります。手術の同意書に署名することや、本人の延命措置について判断することなどが後見人はできません。あとは、入院する際や施設に入所する際の身元保証人にはなれません。後見人が債務を伴う保証人として、保証人の欄に署名することはできません。

それ以外に、本人に対して直接介護を提供することもできません。例えば、オムツ交換や入浴の介助など直接介護を提供するような行為はできません。通院の付添なども後見人はすることができません。

⑤後見人の交代は、できるのですか？

後見人の交代は基本的にはできません。家族からの要望で、性格が合わないとか、すごく偉そうだ、などという理由では後見人の交代はできません。では、どういった場合に認められるのかというと、後見人が遠方へ引越することになり、物理的に後見人としての業務を遂行することが困難になった場合や、後見人が急病になってしまった場合などの例外的な場合に限って、後見人の交代が認められます。あとは、本人から預かっている財産を横領したなど法律に反する行為をした場合などです。

あくまでも、こういった場合に限られます。後見人の交代を強く望むのであれば、管轄の家庭裁判所に相談してみるのもいいでしょう。

⑥後見人の報酬は、毎月いくら払えばいいですか？

法定後見人の報酬は、就任から1年後に後見事務報告と報酬請求を一緒に行います。その際に1年間の報酬について、家庭裁判所の裁判官が決定します。そういった意味では、1年後の後払いになります。毎月後見人の報酬を払っていただくことにはなりません。

一方、任意後見の後見人は毎月○○○円支払う、と契約を結ばれている場合が多いかもしれません。任意後見契約での後見人の報酬について、毎月○○○円支払うと取決めをしていた場合は、契約のとおり毎月後見人へ報酬を支払うことになります。任意後見制度の場合は、任意後見契約の中で報酬の支払いについては自由に決めることができますので、毎月払いや半年払い、年払いなどでもかまいません。契約書で決めた支払い方で後見人の報酬を支払うことになります。

⑦後見人は亡くなった後の葬儀などもしてくれるのですか？

後見人は、本人の死亡とともに業務終了になります。したがって、後見人が本人の亡くなった後、葬儀や納骨などをすることはできません。本人が独り身で、死後のことをする人がいない場合は家庭裁判所の許可を得て、後見人は引き続き業務をすることができることがあります。基本的な考え方では、後見人は本人の亡くなった後の葬儀などはできません。

自分が亡くなった後、葬儀をしてくれる人がいないことが予めわかっているような場合は、本人の判断能力があるうちに死後事務をしてくれる方や団体と、死後事務委任契約を結んでおく必要があります。死後事務委任契約を結んでいるとその相手方が本人の亡くなった後のことも正当にすることができます。

⑧任意後見人には誰でもなれるのですか？

任意後見人には基本的には誰でもなることができます。

ただし、未成年者、家庭裁判所で解任された法定代理人、保佐人、補助人、破産者、行方の知れない者、本人に対して訴訟をし、又はした者及びその配偶者並びに直系血族、不正な行為、著しい不行跡その他任意後見人の任務に適しない事由がある者などは除きます。

本人が信頼する相手で右記に該当しなければ、任意後見人になることができます。本人の親族ではない隣近所の方でも、本人が一番信頼しているのであれば、任意後見人になることができます。

⑨任意後見契約を結んでいますが、契約解除はできますか？

任意後見契約を締結している相手と関係がわるくなってしまって、契約を解除した